FAS, SON UNIVERSITÉ

ET

L'ENSEIGNEMENT SUPÉRIEUR

MUSULMAN

PAR

G. DELPHIN

PROFESSEUR D'ARABE A LA CHAIRE PUBLIQUE D'ORAN
MEMBRE DE LA SOCIÉTÉ ASIATIQUE

PARIS
ERNEST LEROUX, ÉDITEUR
28, Rue Bonaparte, 28

ORAN
PAUL PERRIER, IMPRIMEUR
15, Boulevard Oudinot, 15

1889

1889

FAS, SON UNIVERSITÉ

ET

L'ENSEIGNEMENT SUPÉRIEUR

MUSULMAN

PAR

G. DELPHIN

PROFESSEUR D'ARABE A LA CHAIRE PUBLIQUE D'ORAN
MEMBRE DE LA SOCIÉTÉ ASIATIQUE

PARIS

Ernest LEROUX, Éditeur

28, Rue Bonaparte, 28

—

1889

ORAN

Paul PERRIER, Imprimeur

15, Boulevard Oudinot, 15

—

1889

FAS, SON UNIVERSITÉ

ET

L'ENSEIGNEMENT SUPÉRIEUR MUSULMAN

Le Maroc a été dans ces dernières années l'objet de nombreuses études, et sa bibliographie a pris des proportions considérables. La situation de ce pays explique-t-elle ce redoublement d'attention ? L'empire des Chérifs est-il arrivé à une période critique de son histoire dont l'état aigu justifie les diagnostics de cette pléthore d'auteurs ? Je ne le crois pas, et ceux qui, connaissant les choses arabes, ont pu comparer ces livres récents avec l'*Historiale description de l'Afrique* de Jean Léon l'Africain [1], ou *L'Afrique* de Marmol [2], penseront comme moi que le Maroc est aujourd'hui ce qu'il était il y a trois siècles, et que rien ne peut faire prévoir qu'il changera dans un avenir rapproché.

---

(1) *Historiale description de l'Afrique*, tierce partie du monde, écrite de notre temps par Jean Léon l'Africain. Premièrement en langue arabesque, puis en toscane et à présent mise en françois. Anvers 1556, 1 vol. in-18°. Cette traduction de Jean Temporal a été réimprimée en 1830, à Paris, en 4 vol. in-8°.

(2) *L'Afrique* de Marmol, de la traduction de Nicolas Perrot, sieur d'Ablancourt 3 vol in-4°, Paris 1607.

Ah ! ce qu'il y a de changé pour ce pauvre pays, ce sont les dispositions des étrangers à son égard. La « question marocaine » est née de leurs convoitises, et chacun y voit ce que les intérêts de sa nation lui dictent d'y découvrir. Toutefois, l'on conviendra que ce reproche ne saurait être adressé à l'écrivain qui ne tend qu'à s'instruire de ce que le Maroc a de bon, de pratique, en un mot d'utilisable pour nos régnicoles algériens, de même race, de mêmes mœurs, aux besoins identiques, peuple en tutelle dont nous devons assurer la prospérité matérielle et morale par tous les moyens en notre pouvoir. De tous ces moyens, le plus efficace est sans contredit l'instruction. Aussi, me suis-je attaché uniquement à l'examen de l'organisation de l'enseignement public au Maroc, ou plutôt de l'enseignement supérieur, car j'estime que sa réforme en Algérie prime les autres ; et parmi ces publications, je me suis contenté de lire celles qui contenaient des détails sur Fas, et dont les auteurs ont été naturellement amenés à parler de son importante Université.

M. le capitaine Jules Erckmann qui fut de 1877 à 1883 le chef de la mission militaire française attachée à la cour chérifienne, et se consacra à la réorganisation de l'artillerie, entra très avant dans la confiance de Mouley Hassan qui s'est passionné pour cette arme. Il a donc pu, protégé par l'amitié du sultan et le prestige de son titre d'instructeur de l'armée, avoir sa liberté entière et recueillir pour son livre *Le Maroc moderne* [1]

_____

(1) *Le Maroc moderne* par M. Jules Erckmann, capitaine d'artillerie, ancien chef de la mission française au Maroc, in-8°, Paris 1885 (Challamel, éditeur).

des notes précieuses qui en font un ouvrage absolument personnel, sans aucune réminiscence des travaux antérieurs. Et par les extraits des lettres que m'a écrites cet officier, et que je me ferai un devoir de signaler quand j'y aurai recours, on appréciera combien les intérêts de notre pays étaient défendus avec intelligence et patriotisme, et ce que notre influence gagnait à être servie par un homme de cette valeur. Si je n'étais tenu à cet égard à une grande discrétion, les nécessités de notre politique au Maroc seraient mieux comprises et mieux jugées qu'elles ne le sont aujourd'hui par notre presse et dans certaines revues spéciales. Sans doute, il ne pouvait qu'effleurer la question qui m'occupe ici ; mais, cet ouvrage m'a été d'un grand secours, car de ses descriptions dépouillées de toute fantaisie, de son style clair et sobre, il se dégage l'impression la plus vraie sur la situation actuelle du pays, qui est la scène où se meuvent mes tholba et leurs professeurs.

M. Ludovic de Campou l'a-t-il précédé ou suivi ? Je l'ignore ; en tous cas, *Un empire qui croule* (1) me paraît conçu dans un esprit de dénigrement systématique ; bien qu'il renferme à côté de tableaux aux tons forcés et fantaisistes des indications utiles aux commerçants.

Une ambassade au Maroc (2) serait un guide plus sûr, car M. Gabriel Charmes a su très habilement

---

(1) *Un empire qui croule. Le Maroc contemporain.* 1 vol. in-8°. Paris, Librairie Plon.

(2) *Une Ambassade au Maroc*, par Gabriel Charmes, 1 vol. in-8°. Paris 1887, chez Calmann Lévy.

résumer des études spéciales et autorisées : le *Roudh el qarthas* de la traduction de Beaumier pour l'histoire de la ville de Fas (1), les correspondances de M. Tissot (2) pour son itinéraire, et s'aider des renseignements qui lui ont été fournis par notre consul général, M. Féraud, et qui figurent, en grande partie, dans son rapport sur la mission Vernouillet en 1876. Cette relation brillamment écrite est très attrayante. L'on est surpris de voir un observateur saisir avec une telle intuition le caractère d'un peuple et d'une contrée qu'il n'a fait que traverser. Ses voyages en Orient, et son séjour au Caire, à Damas, à Jérusalem et à Kairouan n'avaient-ils pas singulièrement préparé M. Gabriel Charmes à cette étude ?

On lira dans ce volume une description de Fas très complète et très pittoresque. L'auteur a vu les rues pleines d'étudiants : « Les étudiants, dit-il, arrivent en « foule de tous les points de l'Afrique, pour s'y former « aux études théologiques...... La ville en est rem- « plie. » (3) Ce spectacle avait également frappé M. Jules Erckmann qui le signale en passant : « Les écoles sont « nombreuses et fréquentées par des savants marocains « et même algériens...... La mosquée de Karaouïn « renferme une bibliothèque fameuse et une école dont « les professeurs sont connus par leur science et leur

---

(1) *Roudh el Kartas*. « Le parterre des feuillets » *Histoire des souverains du Maghreb et Annales de la ville de Fès*, traduit de l'arabe par Beaumier. 1 vol. in-8°. Paris 1860.

(2) *Recherches sur la géographie comparée de la Maurétanie Tingitane*. Mémoires présentés par divers savants à l'Académie des Inscriptions et belles lettres de l'Institut de France. Paris 1878.

(3) *Une Ambassade au Maroc*, pages 301 et 302.

« indépendance. (1) » Comment, en présence de ces deux
affirmations si précises, admettre ce qu'écrit très spiri-
tuellement il est vrai, M. de Campou, dans son chapitre
de « l'Instruction au Maroc. » « L'instruction au Maroc
« est surtout obligatoire, car c'est à coups de bâton que
« l'on fait pénétrer dans les jeunes cervelles arabes la
« science infuse, je veux dire le Coran. Le Coran est
« un abrégé des connaissances humaines à l'usage des
« Marocains, (?) qui se contentent de cette lecture dans
« leur bas âge et arrivent, à force de prodiges, à l'ap-
« prendre par cœur en entier. A côté de cette instruc-
« tion enfantine, qui a pour effet, à coup sûr, de
« développer la mémoire, mais non l'intelligence, existe-
« t-il au Maghreb des écoles spéciales où l'on apprenne
« les sciences, l'histoire, la philosophie, la théologie ?
« Absolument aucune ; et je me souviens de mon
« étonnement quand, à mon arrivée à Fez, on me dit
« qu'il y avait dans tout le Maroc, deux savants seule-
« ment. Et quels savants ! » (2)

Léon Godard (3), d'après Didier (4), dans le chapitre
qu'il consacre aux arts et aux sciences nous fait le tableau
des premières leçons des jeunes indigènes dans le
messid, puis il ajoute(5): « Au sortir du *messid*, l'étudiant
« peut entrer à l'école supérieure ou *medersa*, établie
« dans les Zaouïa et près des mosquées principales.
« Parmi ces écoles on distingue celle de Fez, la plus

---

(1) *Le Maroc moderne, page 27.*
(2) *Un empire qui croule, pages 9 et 10.*
(3) *Description et histoire du Maroc*, 2 vol. in-8°. Paris 1860.
(4) Ch. Didier. *Promenade au Maroc*, 1 vol. in-8°. Paris 1844.
(5) *Opus laud,* vol. 1, page 236 et 237.

« complètement organisée en forme d'université. C'est
« la maison de science *Dar el Alem* par excellence.
« Là, on suit les leçons de professeurs rétribués, et qui
« enseignent la grammaire, la théologie, la logique, la
« rhétorique, la poésie, l'arithmétique, la géométrie,
« l'astronomie et la médecine. Suivant le degré de science
« qu'on y acquiert, on devient *thaleb, fekih, álem,*
« comme qui dirait savant, juriste, docteur !(1).

Ali bey el Abbassi (D. Badia y Leblich) qui, grâce
à son déguisement et à sa pratique de la langue arabe,
put au commencement de ce siècle parcourir le Maroc en
tous sens, et visiter la ville de Fas, nous donne sur son
Université un renseignement que je n'ai garde d'omettre,
car il confirme ce que j'avancerai plus loin sur les dires
de savants indigènes : « Tel est l'état des sciences à
« Fez, ville qu'on peut regarder, s'il est permis de se
« servir de cette comparaison, comme l'Athènes de
« l'Afrique, par le grand nombre de docteurs et de soi-
« disant savants, enfin par les écoles qui sont ordinaire-
« ment fréquentées par deux mille élèves à la fois (2). »

L'auteur de la *Description de l'Afrique,* El Hassan
ben Mohammed El Ouezaz El R'ernathi, plus connu

(1) La distinction n'est pas aussi tranchée, et il ne faudrait pas
assimiler ces appellations à nos grades universitaires, car, si les
professeurs qui sont à même de se rendre compte du degré d'instruction de leurs élèves, leur donnent la qualification qui répond
à leur savoir, il n'en est pas de même du vulgaire qui les confond
souvent.

(2) *Voyages d'Abi Bey el Abbassi en Afrique et en Asie* pendant les années 1803 à 1807, 3 vol. in-12, Paris 1884. vol. 1,
page 137.

Conf. *L'Univers. Empire du Maroc,* par Ferd. Hœfer, pages
269 et 270.

sous le nom de Léon l'Africain (1), à la fin d'une très longue et très prolixe description de Fas, de ses quartiers, rues, mosquées, n'a en revanche que deux lignes à écrire sur ses écoles : « Les collèges, dit-il, ne sont « fréquentés sinon de quelques étranges écoliers, qui « sont entretenus à l'aumône de la cité et du territoire « d'icelle ; et s'il y en avait d'aventure aucuns de la cité, « ils ne sauraient être plus haut de deux ou trois (2). »

Il y a là certainement exagération ou parti pris, ne serait-ce que celui de décrier ses anciens coreligionnaires, ce dont il ne se fait nullement faute, chaque fois que l'occasion s'en présente. Et puisque son savoir fit l'admiration de son illustre parrain Léon X, n'était-il pas la contradiction vivante de ses propres paroles, car, arrivé très jeune à Fas, ce fut à son Université qu'il se forma ?

Marmol, qui habituellement copie Léon l'Africain assez maladroitement, semble par contre ici l'avoir amendé dans une certaine mesure : « Il y a, dit-il, « dans l'enceinte de cette mosquée Karaouïn, un collège « où l'on enseigne leur théologie avec les autres arts et « sciences et le plus docte de tout le pays est le Prin- « cipal..... Il y a encore d'autres collèges dans Fez, « où l'on enseigne la Grammaire, la Rhétorique, la « Théologie, la Philosophie, l'Orthographe, les Mathé- « matiques et les autres sciences. On y enseignait « autrefois la Négromancie ; mais on ne l'ose plus faire

(1) Pour la biographie de Léon l'Africain, voyez un article de Berbrugger, *Revue Africaine* tome II, page 353.
(2) Page 149 du 1er vol.

« publiquement depuis plusieurs années. Le principal
« collège se nomme Madaraça, qui est une des plus belles
« pièces de toute l'Afrique, à cause de ses grandes cours
« et galeries et de plusieurs appartements bien lam-
« brissés dont le plancher est de marqueterie, aussi
« bien que la chaire où l'on fait les leçons qui est
« marquetée d'ébène et d'ivoire. Il y avait autrefois des
« boursiers dans ce collège, et dans les autres, qui
« étaient entretenus comme en Europe ; mais les rois
« ont pris à cette heure les revenus qui sont fort grands,
« et n'ont laissé que ce qu'il fallait pour les professeurs,
« et les écoliers n'ont rien que la chambre et les leçons.
« Il y a plus de deux cents écoles dans la ville, pour
« apprendre à lire, quoique l'orthographe et la gram-
« maire arabe se lisent ordinairement dans les Univer-
« sités. (1) »

Cleynarts visita Fas une quinzaine d'années après
Léon l'Africain, malheureusement ses lettres ne sont
pas aussi détaillées qu'on pourrait l'espérer, et si celles
que M. Nève, professeur à l'Université de Louvain a
traduites et publiées sous le titre de : *Relation d'un
voyageur chrétien sur la ville de Fez et ses écoles dans
la première moitié du XVIIᵉ Siècle* (2) sont les seules où

---

(1) *Opus laud*, page 160, vol. 2.

(2) Une brochure in-8ᵉ de 20 pages. Gand 1845. « Nicolas
Cleynarts, nommé aussi Clénard (Clenardus) naquit en 1495 à Diest,
étudia et enseigna à l'Université de Louvain, jusqu'en 1532, et,
après avoir passé environ neuf ans en Espagne, mourut à Grenade
en 1542, au retour d'un voyage à Fez. » Nève, *Op. laud*.

Les lettres de Cleynarts ont été éditées à Louvain en 1560 sous
le titre : *Nicolaï Clenardi de rebus Machometicis Epistolæ*,
in-12. Puis en 1666 à Anvers par Ch. Plantin : *Epistolarum libri
duo*, in-12.

il soit question de l'enseignement public dans cette ville, elles n'apportent aucune donnée nouvelle après Léon et Marmol.

En résumé, allusions plus que succintes chez les uns et contradictions chez les autres, tel est le bilan de mes recherches bibliographiques sur l'Université de Fas. Est-il donc si difficile de se renseigner sur un fait qui doit se passer presque au grand jour ? Est-il admissible que des voyageurs diffèrent à ce point entre eux ? Ne peuvent-ils donc pas, à défaut de chiffres, nous donner tout au moins des indications moins vagues ? Non ! et cela ne m'étonne pas. Je comprends l'exclamation de Gabriel Charmes. « J'ai aperçu Fès et Dieu « me garde de dire que je l'ai étudiée et comprise ! Les « villes sont comme les hommes : on se trompe pres- « que toujours, lorsqu'on les juge sur l'apparence. (1) » Mais il s'illusionnait, quand il croyait que les portes ne se fermaient devant lui, et que les visages ne se détournaient de sa route que parce que des gardiens lui faisaient une escorte d'honneur. Seul, il eût encore moins vu, si toutefois il n'eût pas été victime de mésaventures désagréables comme celles que Cleynarts raconte à son correspondant de Louvain. Sans doute il préjugeait du caractère des gens de Fas d'après les Orientaux et l'accueil qu'il avait reçu au Caire et en Syrie. Le Maghreb el Aqça est peuplé d'une race bien différente. Berbères montagnards et soudaniens en forment le fond, et les quelques Maures débarqués

---

(1) *Une ambassade au Maroc*, page 274.

d'Espagne, après la perte de l'Andalousie, n'ont pas eu assez d'influence pour en adoucir le brutal fanatisme. Plus on va à l'Ouest, plus le musulman est silencieux et se replie sur lui-même. Dans la province d'Oran, quels prodiges de patience et d'adresse ne faut-il pas pour en amener un à se livrer un peu! A Fas ils doivent être intraitables. (1)

De même que l'on doit renoncer à pénétrer dans l'intimité d'un Arabe maghrebin, et lire dans son cœur profondément dissimulé, ainsi l'on ne saurait trop se garder de porter un jugement quelconque sur l'état de ce pays, seulement d'après ce qu'on en peut saisir rapidement et au passage. Le Maroc, avec ses campagnes mal cultivées, ses tribus toujours en armes et sur le qui-vive, un sultan en lutte avec ses sujets, du jour où il s'est proclamé le successeur du Chérif Edriss, un gouvernement sans budget, sans action, presque sans fonctionnaires, peut paraître de prime abord comme la manifestation de l'anarchie arrivée à son dernier période, anarchie à laquelle nul peuple européen ne résisterait, et l'on est tenté d'augurer de là, avec l'auteur d'*Un Empire qui croule* l'effondrement prochain de sa dynastie et la ruine de ces contrées. Mais, étudiez l'histoire de l'Afrique septentrionale, depuis que les Arabes s'y sont jetés « comme une nuée de sauterelles » (2) surtout

---

(1) « Le nombre des étudiants de Fez est très difficile à déterminer ; dans ce pays tout se fait en silence, et on a le plus grand mal à se renseigner sur les choses les plus usuelles. » (Erckmann).

(2) *Histoire des Berbères et des dynasties musulmanes de l'Afrique septentrionale*, par Ibn Khaldoun, traduite et publiée par M. de Slane, 4 vol. in-8°. Alger 1852-1856, 1er vol. page 34.
Conf. Histoire de l'établissement des Arabes dans l'Afrique septentrionale, par Ernest Mercier, in-8°. Paris 1875.

depuis l'invasion hillalienne ; compulsez Ibn Khaldoun historien du XIVᵉ siècle de notre ère, et notez les considérations qu'il émet *passim* (1) sur ses coreligionnaires, vous croirez lire une page écrite d'hier. Après Ibn Khaldoun parcourez le Qarthâs, (2) et enfin pour la période la plus rapprochée et quasi contemporaine, Ez-Zeïani, (3) dans l'excellente traduction de M. Houdas, vous demeurerez convaincus que cette apparente désorganisation est l'état normal du Maroc : *El r'orb blad mhamoula,*

* الــغـرب بـلــد مهمــوالــة *

Je ne pense pas soutenir un paradoxe en disant que notre époque est une des moins troublées de leur histoire, et que ce répit est essentiellement favorable à leur accroissement, presque à leur prospérité. En définitive, l'on ne peut y voir décadence, au vrai sens du mot. On admettra bien que chaque race a son génie propre, tous les peuples n'ont pas les mêmes aspirations, ni le même objectif. Améliorer les conditions de notre existence est pour nous une préoccupation capitale qui nous pousse incessamment à de nouvelles découvertes. Les musulmans, au contraire, ont la conviction que plus on fouillera ce monde, plus il en sortira de peines et de douleurs. Toutes leurs pensées sont pour la vie d'au-delà. Une innovation les menace

(1) Dans l'ouvrage ci-dessus, et ses *Prolégomènes*, de la traduction de M. Slane, en 3 vol. in-4°. Paris 1863-1868. Notamment vol. I, pages 370 et suivantes.

(2) *Opus laud.*

(3) *Le Maroc de 1631 à 1812.* Extrait de l'ouvrage *Ettordjeman el mo'arib an douel elmachriq ou'l maghrib* de Aboulqâsem ben Ahmed Ezziâni, publié et traduit par O. Houdas. Paris, Ernest Leroux 1886, in-8°.

toujours dans leur tranquillité d'esprit et leur espoir de
l'avenir. Ils ont la foi, ils redoutent de la perdre. Le
souvenir des victoires qu'ils lui doivent dans les premiers siècles d'enthousiasme n'est pas effacé. Pour
revoir la poussière de ces grandes journées, il faut
qu'elle soit encore assez forte pour les animer tous,
le jour venu, le jour où la voix du Mahdi retentira aux
confins du Maghreb.

Grâce à son isolement Fas a pu conserver cet idéal
dans son sein, et si depuis la Méthode nos écoles ne
résonnent plus des grands noms d'Avicenne, d'Aven-
pace et d'Averroès, il ne faut point en déduire que cet
effacement se soit produit dans les centres musulmans.
Là, son influence n'a pas subi d'amoindrissement
sensible, Fas est toujours le *Dar el a'lm*, « la maison
de sapience » l'asile des sciences musulmanes, la
mosquée de Qaraouïn, la première école du monde : on
y entre ignorant comme un *Qoubban*(1), on en sort un
des pôles du savoir humain.

Elle serait longue la liste de tous les grands écrivains

------

(1) Mot de l'argot des tholba indigènes, qui répond assez
exactement à notre expression de « cancre. » Je n'ai pu en déterminer l'étymologie ; les tholbas qui l'emploient m'ont dit qu'on
avait pris trois lettres au hasard. Cela n'est guère probable, et ce
substantif doit avoir une origine plus rationnelle. Peut-être
dérive-t-il de la racine *qabana* qui signifie « peser » ou mieux
« soupeser » conf. Dozy *Supplément aux Dictionnaires arabes*,
2ᵉ vol. page 306. Un *Qoubbân* serait donc un étudiant qui tiendrait
un livre entre ses mains, non point pour l'étudier, mais de la
manière de soupeser une galette de pain ou une assiette de dattes.
L'épithète *mousstamessik*, dixième forme de *massaka* « saisir »
s'applique à celui qui a des notions assez étendues en droit, en
grammaire et dans d'autres branches de science. Quant au *a'lem*
nous avons vu qu'il n'avait plus rien à apprendre.

qui se sont formés aux cours de cette école, et de ceux qui ont occupé et occupent encore avec éclat une chaire à Qaraouïn. Il suffira de citer parmi nos contemporains ou ceux qui les ont immédiatement précédés, les noms suivants :

Sidi Et-Taoudi ben Souda qui a commenté la *Touahfa* de Benou A'cem, la *Lamia* de Zouqâq et écrit une glose sur le commentaire de Zerqâni, et des scholies sur Boukhari.

Sidi Ahmed ben Moubârek qui a rédigé l'*Ibriz*, sous l'inspiration de son illustre maître Sidi Abd el A'ziz Ed-Debbâr.

Si Mohamed Bennâni, auteur d'une glose sur Zerqâni, d'un commentaire sur le *Soullem*, sur la *Khilaça* et la *Khotba* de Benou Mâlik.

Le Cheikh Et-Theyeb ben Kîrân, auteur d'une glose sur le *Tecrih*, d'un commentaire sur la *Khotba* de Khelil, d'une poésie sur les figures du style et des scholies sur Boukhari.

Le Cheikh Sidi Ali Qeççâra, auteur d'une glose sur le *Maoudhih* commentaire de l'*Alfiya*, et d'une autre sur le commentaire du *Soullem* de Bennâni.

Le Cheikh Hamdoun ben el Hadj, auteur d'un recueil de poésies et d'ouvrages sur la grammaire et l'histoire.

Sidi El Hadj El Mahdi ben Souda, auteur d'une glose sur la logique, d'une autre sur le commentaire du *Telkhis* de Qezouini par Es-Sa'd.

Le Cheikh Abd Er-Rahman El Fassi, auteur d'une glose sur Boukhari, d'une poésie didactique sur la jurisprudence de Fas et d'un ouvrage de critique des traditions.

Le Cheikh El Mhadi El Fassi, auteur d'un commentaire sur le *Delaïl el kheïrat*.

Le Cheikh Sidi Ali Ed-Dessouli, auteur d'un commentaire de droit sur la *Touahfa* et le *Chamil*, d'une glose sur le commentaire d'Et Taoudi de la *Zouqaqia* et d'un recueil de questions controversées en jurisprudence.

Le Cheikh Sidi El Hadj Mohammed Guennoun, auteur d'un résumé du commentaire d'Er-Rhaouni, d'une glose sur Ez-Zerqâni, sur le Cheikh Benou Yassin commentateur des *Tarikat* et d'un ouvrage sur les mérites des habitants de La Mecque.

Le Cheikh Hamed ben El Hadj, auteur d'une glose sur Et-Taoudi commentateur de la *Touahfa*, d'un commentaire sur la *Khezradjia*, traité de prosodie, etc., etc.

Enfin, pour abréger cette liste, je citerai sans indication bibliographique :

Le fekih Sidi El Hadj Mohammed El Maqarri Et-Tilmsani, surnommé Ez-Zamarchari, le Cheikh El Ouazani, le Cheikh Benou Abd Er-Rahman El Filali, le fekih Mouley Abd El Mâlik El Filali, Mouley Mohammed El Filali, ancien qadhi de Fas, le fekih El Hadj El Miknassi, le fekih Sidi Mohammed Et Tazi, Sidi Mohammed ben El Hadj, le fekih Sidi El Hadj A'mer ben Souda, Sidi El Hadj El Mahdi ben Souda, Sidi Benou Nâcer ben Sidi Edriss El Begrâoui, et son frère le fekih Sidi Abd Alla, Sidi Et Theyeb, neveu du Cheikh Et-Theyeb ben Kirân précité, Sidi El Hadj Salah El Djebâli, Sidi Hadjou ben Lazreg Et-Tlimsâni, Sidi El Hadj Ed Daoudi, Sidi El Hadj Mohammed El Mernissi, Sidi Edriss ben Es Snoussi, etc.

Plusieurs, leur surnom l'indique, sont originaires de Tlemcen. J'ajouterai que les meilleurs professeurs de notre colonie y ont fait leurs études, et l'on est obligé

de convenir que les tholba qui rapportent leur *idjaza*(1)
de Qaraouïn font preuve d'une instruction bien supérieure
à celle de tous les étudiants qui sortent de nos zaouïas
indigènes et de nos trois mederças départementales, où
l'enseignement des sciences musulmanes a été réduit à
sa plus simple expression.

Si ce n'était là que prétention d'indigènes naturellement
disposés à blâmer tout ce qui est l'œuvre des chrétiens,
nous n'en aurions cure. Malheureusement, il n'en est
pas ainsi ; et ce fait a été constaté de la façon la moins
discutable. En 1884 ou 1885 à une session des examens
auxquels étaient autrefois assujettis les fonctionnaires
de la justice musulmane qui aspiraient à un grade
supérieur, et les candidats au premier emploi d'adel, il
se présenta à Oran, quelques tholba qui étonnèrent la
Commission par l'étendue de leurs connaissances en
lettres arabes, et qui distancèrent de beaucoup leurs
camarades. J'appris depuis qu'ils venaient de Fas, et
qu'ils étaient d'anciens élèves de Qaraouïn.

Ce fut auprès d'eux que je commençai à réunir les
notes que je résume ici ; car, en présence de ce résultat
inattendu, il me parut utile d'en démêler les causes et de
connaître l'état actuel de l'enseignement musulman à
Fas, pour en déduire, le cas échéant, telles conclusions
profitables à la direction de nos mederças algériennes.
Je les interrogeai donc minutieusement sur les méthodes
d'enseignement, la division des cours, les ouvrages
expliqués, le nombre d'années de stage, la situation
et le recrutement des professeurs, les tholba, leurs
coutumes, en un mot tout ce qui de près ou de loin
a trait à l'organisation de l'Université de Qaraouïn.

---

(1) Diplôme de licence, voir plus loin.

Pour compléter ces renseignements, et les contrôler par d'autres témoignages, je m'adressai d'abord à tous les cheikhs algériens que j'appris être restés à Fas, et finalement à deux de nos fonctionnaires dont le savoir et l'expérience m'inspiraient une entière confiance: Si Edriss ben Tsabet, professeur à la Mederça de Tlemcen et Si Mohammed El Harchaoui, ancien professeur de droit et de grammaire à la grande Mosquée de la même ville. J'eus soin de les interroger séparément, et à l'insu l'un de l'autre ; et je puis dire que je n'ai relevé aucune contradiction sérieuse dans leurs réponses. Avec ces documents et les observations que j'ai recueillies dans mes rapports avec les tholba marocains, je me trouve aujourd'hui en mesure de donner ici une monographie assez complète de la grande Université marocaine.

Sid Edriss ben Tsabet n'est point allé à Fas en simple étudiant d'aventure, il y a séjourné durant toute sa jeunesse et son âge mûr, avec sa famille, au milieu des siens, en relation avec les Eulema et les professeurs de cette ville. Il ne l'a quittée que pour venir occuper au concours une chaire à la Mederça de Tlemcen. Je ne pouvais donc mieux m'adresser, aussi ses communications ont-elles pour moi la plus haute valeur, notamment en ce qui concerne la question si controversée de la bibliothèque de Qaraouïn. Sid Mohammed El Harchaoui est resté moins longtemps à Fas, cinq ou six années. Il a bien voulu réunir ses réponses dans un manuscrit qu'il a intitulé à la façon arabe :

كتاب الاكياس فى جواب الاسيلة عن كيفية التدريس بفاس

Kitâb el akiâs fi djaouâb el assila a'n hîfiet et tedris bi Fas.

« Le livre des hommes intelligents, réponses aux
« questions sur l'enseignement supérieur à Fas. »

Pour conserver à ce document son caractère d'authenticité, je le traduirai littéralement, et bien que le
récit de la fondation de Fas et des légendes qui l'accompagnent, ne soit pas inédit, je ne le retrancherai
point, car, d'une part, il est très résumé, et en second
lieu les auteurs arabes de première source ne sont pas
entre les mains de tout le monde.

LE LIVRE DES HOMMES INTELLIGENTS, RÉPONSES
AUX QUESTIONS SUR L'ENSEIGNEMENT SUPÉRIEUR A FAS

(Traduction)

« Louange à Dieu, autant qu'il en est digne. Que grâces lui soient rendues pour les bienfaits sans nombre dont il nous a comblés. J'atteste que c'est lui qui a envoyé ses prophètes aux hommes. Par eux nous avons appris ce qu'il nous ordonne et nous défend.

Ces pages renferment quelques renseignements sur l'enseignement supérieur à Fas. Elles comprennent une introduction, vingt-cinq chapitres, et une péroraison. Un de mes amis, à qui je ne saurais rien refuser, m'a demandé de composer cet ouvrage. Dieu sera mon aide et mon soutien dans cette tâche.

INTRODUCTION

FONDATION DE FAS — PAROLES DU PROPHÈTE
A SON SUJET

« Fas s'écrit sans hamza ; telle est la vraie orthographe. Plusieurs ont cependant prétendu que l'alif était primitivement surmonté du hamza, et que par suite de l'usage ce signe avait disparu. C'est l'opinion de l'auteur du Qâmous (1).

---

(1) Vol. II, page 177.

Fas est très peuplé (1). Des sources peu éloignées lui fournissent en abondance une eau excellente. La rivière qu'elles forment court à l'Ouest de la ville, puis la traverse en alimentant les fontaines placées dans les rues, les mosquées et les bains. Elle met aussi en mouvement de nombreux moulins. En plusieurs endroits, principalement dans les mosquées et les mederças, les canaux sont couverts.

Les annales de cette cité sont curieuses ; les historiens les ont rapportées en détail et cet ouvrage n'en comporte pas le récit. Je dirai cependant que Fas a été ainsi nommée parce que l'on raconte que l'on mit à jour une pioche en or (2) (en arabe فاس *fas*) lorsque Edriss el Asrer ben Edriss el Akber commença à creuser ses fondations. La ville qui s'élevait aurait donc pris le nom de cet objet.

D'après une autre version, les compagnons de Mouley Edriss fondirent pour ce prince une pioche en or avec laquelle, le premier, il entama le sol où allait s'élever sa capitale. Enfin on prétend que son nom a été prononcé par l'ange Gabriel, la nuit d'*El Issra*.

Pendant son ascension nocturne, le prophète aperçut un point brillant sur la terre. Il interrogea Gabriel qui lui dit : « Ce point brillant est un endroit de la terre, au « Maghreb, appelé *Saf*. On y élèvera une ville que l'on « nommera *Fas*. La science jaillira de la poitrine de « ses habitants comme l'eau sourdra de ses murs. »

---

(1) Conf. *Géographie d'Aboulféda*. Texte arabe publié par M. Reinaud et de Siane, in 4º, Paris 1840, pages 113 et 114.

(2) *Même ouvrage*, page 133.

Il y a une variante dans le texte de cette tradition. Des auteurs se servent du mot *r'arb* pour désigner l'Occident, d'autres emploient l'expression *Maghreb*.

La tradition elle-même est discutée, et telle ne serait pas l'origine du nom de Fas. Toujours est-il que cette cité est célèbre entre toutes par le nombre et le mérite de ses savants qui n'ont cessé de l'illustrer depuis le jour de sa fondation jusqu'à notre temps. Aussi le Prophète a-t-il pu dire : « Il y aura parmi mon peuple « un groupe d'hommes qui feront briller la vertu dans le « monde ; les méchants ne prévaudront pas contre eux, « jusqu'à ce que soient accomplis les arrêts du Très-Haut, « c'est-à-dire, jusqu'au jour de la Résurrection. »

Un savant et sagace exégète a commenté cette tradition en disant que le Prophète avait fait allusion aux docteurs de la ville de Fas. Il ne s'est point trompé, que Dieu l'ait pour agréable. Les gens de Fas peuvent être comparés aux membres de la famille d'El Fassi (1); car tous ceux qui ont précédé ou suivi ce grand docteur, sont la parure du monde et de la religion musulmane. Ils forment la constellation la plus brillante et la plus admirée des Pléiades, se léguant de père en fils leur gloire et leur sainteté. D'un sol aussi généreux il ne peut sortir que des fleurs merveilleuses, ce sont ces savants, ces grands saints.

Pour donner une idée de la réputation des savants de Fas, il suffira de rappeler ce fait qui est rapporté

---

(1) Sidi Abd Er-Rahman El Fassi, dont le nom est fréquemment cité dans l'aperçu bibliographique inséré plus loin (N. du T.).

par Et-Therthouchi (1) : « Un docteur de Fas étant mort
à Alexandrie, on mit en vente ses ouvrages, or, les
feuilles éparses et sans rapport entre elles atteignirent
seules, le prix de six mille dinars. »

Edriss ben Edriss acheta le terrain où il voulait
édifier sa capitale aux Zouar'a pour la somme de
quatre cents dirhems et il commença les travaux
l'an 192 (2). Dans la suite, elle comprit deux quartiers
primitivement séparés par une muraille qui, plus tard,
fut démolie, et les deux quartiers ne formèrent plus
qu'une ville. C'est la partie appelée aujourd'hui *Fas bâli*
« Fas-le-vieux ». Quant à *Fas djedid* « Fas-le-neuf »,
sa construction est bien postérieure (3), et l'histoire en

---

(1) Abou Bekr Mohammed Et-Therthouchi, né à Tortose
(Espagne) en 451=1059, est mort à Alexandrie en 520=1126. L'anecdote qui est racontée ici est extraite de son ouvrage *Siradj el
Moulouk*, « le Flambeau des Rois ». Conf. manuscrits de Vienne,
par Flügel, 3 vol. in-4°. Vienne 1865-67. 1ᵉʳ vol., page 277, nᵘ 1847.
Dozy, *Recherches sur l'histoire et la littérature de l'Espagne
pendant le moyen-âge.* 2 vol. in 8°, tome II, page 154. Quatremère,
journal asiatique, février 1861.

(2) Jeudi 1ᵉʳ de *rabia el aouel*, an 192 de l'hégire correspondant
au 4 janvier 808 de J.-C. telle est également la date que donne le
Qarthas, page 44. (Beaumier toutefois a fait erreur en indiquant
le 3 février au lieu du 4 janvier. Conf. *Vergleichungs Tabellen* de
Wustenfeld, Leipzig 1844).
Renou (*Exploration scientifique de l'Algérie*, Paris 1846,
tome VIII, page 270) fixe la fondation de Fas à l'année 793 de
J.-C. correspondant à l'année 177 de l'hégire. Il ajoute : « Cette
date est la plus généralement adoptée ». Je ne sais sur quelle
autorité il s'appuie en cela, à moins qu'il n'ait suivi Marmol.
(Conf. l'*Afrique*, tome I, page 200 et tome II, page 157), mais
cette source est rien moins que sûre.

(3) Fas djedid a été fondé le 3 choual 674 = 21 Mars 1276,
par Abou Youssef Yaqoub, fils d'Abd el Haqq le Merinide (*Qarthas*,
page 459) et non en 1220 ou 1230, comme le dit Renou, page 271,
opus laud.

est connue. Cet ouvrage ne comporte pas de semblables développements, et je ne veux pas répéter ici toute l'histoire des deux villes.

—

CHAPITRE I

Nombre des Etudiants

« Si l'on ne compte que les étudiants étrangers à la ville, c'est-à-dire ceux qui sont originaires de l'Est (Algérie, Tunisie, etc.) et ceux qui dépendent du Maroc même comme les Djebbâla, les Doukkâla et autres, on arrive au chiffre d'environ sept cents.

En se rendant à Fas, ils n'ont pas tous le même but. Tel ne veut y apprendre que les sciences rhétoriques, la dialectique, la logique et l'éloquence, d'autres se consacrent à la grammaire ou au droit, et même parfois ils se restreignent à un seul ouvrage, par exemple : l'*Alfiya* de Benou Mâlik ou la *Touahfa* de Benou Acem. Il en est de même des professeurs, ils se cantonnent dans leur partie, et il est rare qu'ils professent deux sciences simultanément.

CHAPITRE II

Nombre des Professeurs

« Les professeurs qui sont répartis en différents ordres, ainsi que je l'expliquerai plus loin, sont environ quarante, car tel est le nombre des cours journaliers. Ce chiffre n'est pas absolument fixe, car il peut y avoir à un moment donné un nombre inusité d'étudiants (on augmente alors les chaires) ; d'autre part, il se produit parfois des absences et des maladies.

CHAPITRE III

Logement des Étudiants. — Leur conduite

« Les tholba originaires de Fas logent chez leurs parents, ou dans certaines mederças qui leur sont réservées ; quant à ceux de l'extérieur qui ne connaissent personne dans la ville, ils adoptent la mederça qu'ils préfèrent, et ils y achètent la jouissance d'une chambre. Il y a la mederça *Ech-Cherrathïn* (des fabricants de galons) la mederça *El-Mecbâahïa* (des fabricants de lampes), celle de *Bab-el-Djissa* (nom d'une des portes de la ville), celle *d'Es-Seffarïn* (des marchands d'objets de cuivre), celle *d'El-Atthârïn* (des droguistes), ou enfin

dans l'une quelconque des neuf autres mederças. Toutes
très agréables à habiter. Mais celles qui sont les plus
recherchées par les tholba studieux, ce sont les quatre
que j'ai nommées en premier lieu.

Les tholba, dans leur intérieur se font remarquer par
leur continence, la crainte de Dieu et le zèle dans le
travail. Quelques-uns, mais en très petit nombre, ne
méritent pas ces éloges.

CHAPITRE IV

Emploi du temps — Comment les Etudiants se nourrissent. — Subvention du Gouvernement

« Je développerai plus loin l'emploi du temps en
ce qui concerne les cours de Qaraouïn, quand j'énumé-
rerai les matières qui sont expliquées soit le matin, soit
dans la soirée.

Mais les tholba, en sus de leurs leçons ont des obligations religieuses à remplir. Le matin, ils font la première prière dans la mosquée de la mederça, ou même
dans leur chambre. Ils sont libres aussi d'aller dans
une mosquée quelconque de la ville, si tel est leur
désir. Ce devoir accompli, ils se rendent à Qaraouïn,
car à cette heure matinale les cours n'ont lieu que dans
cette mosquée.

Ils assistent donc aux différents cours jusqu'à midi.
Ils retournent alors à la mederça dans leur chambre

où ils font un repas suivi de leurs ablutions. A *ed-dhôr* (1 heure après midi) ils retournent à Qaraouïn et assistent aux cours jusqu'au moment d'*el açer* (de 3 à 4 h., suivant la saison). Ils reviennent alors chez eux, et prennent quelque repos. Et lorsque l'heure de la prière du *mar'reb* a sonné (coucher du soleil), chacun interrompant ses occupations s'acquitte de ce devoir. Puis ceux qui ont une charge rétribuée d'*hazzâb* « lecteur du Coran », vont à la mosquée à laquelle ils sont attachés. Ils regagnent ensuite leur logis, et préparent sur leurs livres les cours du lendemain. Le soir, des cours supplémentaires ont lieu dans d'autres mosquées. Beaucoup d'entre eux y assistent, et à 9 h. ou 9 h. et demie, ils sont libres. Ceux à qui un habitant de la ville fait une pension vont la chercher chez leur bienfaiteur, les autres s'arrangent comme ils peuvent. Ils achètent des vivres et les font cuire eux-mêmes à la mederça. Leur repas terminé, ils se couchent et ne peuvent sortir de leur chambre, c'est-à-dire de la mederça jusqu'au lendemain matin.

Pour le repas du soir, ils doivent y pourvoir eux-mêmes, comme on vient de le voir; mais, le matin, il leur est attribué un pain sur les revenus des biens habous de la mosquée et cela leur suffit. Le *Moqaddem* de la mederça qui a la charge du balayage, de l'éclairage des lampes et de l'appel aux différentes prières de la journée, distribue le pain à chaque étudiant. Et si le titulaire de la cellule est absent, il le jette dans l'intérieur de la pièce, du seuil de la porte. La distribution n'a pas lieu le mardi. (1)

_____

(1) On verra plus loin que les cours sont suspendus ce jour-là. Ne travaillant pas, cette maigre pitance leur est retenue. (N. d. T.).

Le Moqaddem dépend lui-même du *Nâdhir* « sur-
veillant général. » Il est élu par les titulaires des
chambres, mais le qadhi de Fas doit homologuer leur
choix.

En résumé, l'on voit que sauf un pain par jour, les
tholba à Fas sont tenus de subvenir à leurs besoins sur
leurs ressources personnelles. Heureusement, les habitants de Fas veillent sur eux.

Je reviens à l'accomplissement des devoirs religieux.
Sur ce point, personne n'a le droit de surveiller les
tholba ; ils ne relèvent que de leur conscience. Il n'y a
que ceux qui reçoivent un traitement pour une fonction
d'hazzâb qui soient tenus de faire acte de présence à la
mosquée, et qui soient soumis au contrôle d'un nâdhir.

CHAPITRE V

Répartition des étudiants entre les différents cours

« De même que personne n'est spécialement chargé
de s'occuper de la nourriture des tholba, eux seuls se
répartissent, comme ils l'entendent entre les cours des
professeurs. Ils peuvent également se concerter ensemble ; mais nul n'a le droit de s'immiscer dans leurs
décisions personnelles.

CHAPITRE VI

Enseignement mutuel et préparation des cours à la mederça

« Il arrive fréquemment que les tholba, désireux de travailler en dehors de leurs cours réguliers, demandent à l'un de leurs camarades en qui ils ont remarqué une grande intelligence et une aptitude spéciale, de leur faire des leçons sur un ouvrage déterminé, en général sur un auteur qui n'est pas inscrit au programme de Qaraouïn.

Pendant mon séjour à Fas, j'étudiai de la sorte plusieurs ouvrages dont : l'*A'qida* de Senoussi, le *Mourched* de Benou Achir, Benou Sirïn, etc. Aucun règlement ne s'oppose à cela, à la condition toutefois que ce soit en dehors des heures des cours publics. Au surplus, dans toutes les mederças, les tholba, ai-je dit, préparent leurs leçons du lendemain.

CHAPITRE VII

Heures des cours. — Leur organisation

« La première séance commence après la prière du matin (de 2 heures et demie à 5 heures suivant la saison), et dure jusqu'au lever du soleil. A ce moment-là, il n'y a qu'une seule série de cours. On allume des bougies et des lampes, et l'on se serre autour du professeur.

Cette séance matinale est uniquement affectée à l'explication des commentateurs du Coran, El-Tsa'lbi, El-Khazin, Zamarchari, etc. Les étudiants n'apprennent point le texte du Coran qu'ils connaissent déjà, mais ils étudient les différentes interprétations sur lesquelles les commentateurs se sont arrêtés, interprétations que le professeur discute devant eux. Ils prêtent une extrême attention à tout ce qu'il dit, et gardent un profond silence. Ils ne lui adressent jamais la parole quand il parle et si, par hasard, l'un d'eux ne comprend pas, ou désire un éclaircissement quelconque, il attend que le professeur ait terminé et se soit levé. Alors il le suit et lui demande ce qu'il désire apprendre. Cette façon d'agir leur est dictée par le respect qu'ils ont pour leurs maîtres.

Au lever du soleil, les professeurs de la deuxième série arrivent au nombre de neuf à dix. Ils prennent place, les uns, ceux du premier ordre sur une chaise élevée, les autres à terre, sur des tapis. Tous font leur cours sur le droit, en expliquant le texte aux auditeurs, par exemple le *Moukhtacer* du Cheikh Khelil ; mais sans examiner les différentes interprétations dans les commentateurs. Quelques-uns étudient les principes fondamentaux du droit de Benou Soubki et d'autres. Il est très rare qu'à cette heure on professe autre chose que le droit ou les principes fondamentaux du droit.

Cette séance se termine à 8 heures, ou un peu après. Les professeurs se retirent.

Ils sont remplacés par un nombre égal de leurs collègues qui comme eux font leur cours sur le droit et la jurisprudence. Les tholba se groupent autour d'eux, sans être tenus d'aller vers l'un plutôt que vers l'autre,

Aussi voit-on tel auditoire comprendre cent et même cent cinquante tholba, et tel autre n'en avoir que la moitié et même une vingtaine. Les auditeurs écoutent la leçon dans le plus grand recueillement ; et cette séance prend fin à 10 heures.

La dernière série du matin commence à 10 heures ; mais les professeurs sont moins nombreux que précédemment, et leurs cours ne sont pas aussi importants. Ils se contentent d'étudier les « auteurs mineurs » *el oumhaât-ec-cer'âr*. Ils terminent un peu avant midi.

En définitive, le matin, les seules matières professées sont : l'exégèse coranique, le droit et les dogmes.

Dans l'après-midi, les professeurs n'enseignent guère que la grammaire ; quelques-uns, en petit nombre, lui substituent une autre science. La première séance commence à une heure et se termine à deux. Les cours sont au nombre de huit à dix ; dans deux ou trois seulement, on entend professer la rhétorique.

Une seconde série les remplace. Et dans cette dernière séance il est fait une large part aux sciences autres que le droit et la grammaire.

A *l'a'cer* tout le monde se lève, et les cours sont terminés ce jour-là à Qaraouïn. Les tholba, ainsi que je l'ai dit, regagnent leurs mederças pour se reposer et préparer leurs leçons. Au *mar'reb* (coucher du soleil), lorsque la prière est faite, ils se dispersent dans d'autres mosquées de la ville; par exemple à *mesjed El-Lebarïn,* ou *mesjed Ech-Cherrablyïn* ou *mesjed El-Kidân,* ou à la *Zaouïa de Sidi-Ahmed En-Nacer, etc.* Ils y étudient sous la direction de professeurs, des sciences qui ne sont pas enseignées à Qaraouïn, comme la pratique

des jugements, les belles lettres, les divans des poètes,
la médecine, la géométrie, etc.

Telle était à l'époque de mon séjour à Fas la division
des cours à Qaraouïn.

———

CHAPITRE VIII

Nomenclature des sciences et des ouvrages que les tholba étudient à Fas [1]

———

1

L'EXÉGÈSE CORANIQUE ET LA SCIENCE DE LA LECTURE DU CORAN

A'lm et-tefessir ou el qiraa. علم التفسير و الفراة

Le *Kecchâf* de Zamarchari, Le *Nouar* et *tenzil* de
Beïdhaoui, Le *Heirz el imani* de Chattibi, Le *Djaouâhir
el haïsân* de Tsa'albi ; et enfin, El-Khazin, El Djouaïni
Iman el harameïn, Er-Razi, El Khatib, Ec Chebrini,
Benou Ahyän, Seyouthi, Ben Aber, etc.

———

(1) Le manuscrit d'Harchaoui ne renferme pas une liste aussi
longue, mais j'ai cru qu'il serait utile d'y ajouter les ouvrages qui
sont le plus répandus soit à Fas, soit dans toute cette partie du
Maghreb où l'influence de l'université marocaine se fait sentir. On
aura ainsi une idée assez exacte de la bibliographie et des ressources littéraires de nos contrées. On pourra également comparer
cette énumération à celle que M. Flügel a insérée dans le sixième
volume de son édition d'Hadji Khalfa. (Leipzig 1835-53. VII vol.) et
dont elle est un peu différente.

2

LES TRADITIONS

A'lm el hadits. علم الحديث

Le *Sahih* de Boukhari, son commentateur Benou Hadjer El A'sqalani. Le *Maoudhat el hadits* de Benou el Djouzi. Le *Chemaïl* de Tsermidi, et son commentateur El Manaoui. La *Hamzia* de Bousiri et son commentateur Benou Hadjer El Haïtsami. Le *Mouetha* de l'Imam Malik. La *Chifa* du Qadhi A'yadh et ses commentateurs El Khafadji, Ali Qari, Benou Et-Tlemçani, et son glossateur Et-Tedjani. Le *Haçn el haçin* d'El Djezâri. Le *Sounnan* du Cheikh Darakoutni. Le *Tissir* d'El Manaoui. *L'Ardjouza* d'El A'iraqi. *L'Arba'in* du Cheikh En-Naouaoui. Le *Mousned* de l'Imam Ec-Chafia'i enfin Benou Mardouïa, Abou Daoud, etc.

3

LES DOGMES ET LES PRINCIPES DU DROIT

A'lm el ouçoul. علم الاصول

Le *Djama el djaouamia* de Benou Ali Es-Soubki, son commentateur El Mahalli, ses glossateurs le Cheikh Zakaria El Ançari, El Bennani, Benou Abi Cherif, Benou Yaqoub, Benou Qaçîm El Abbadi. Le *Kitab el bourhan* de Razali, le *Moukhtacer nihayat-el A'qoul* d'Er-Razi. Le *Menahadj* de Beïdhawi, et son commentateur Er-Ramli, etc.

4

LE DROIT

A'lm el feqh علم الفقه

Le *Moukhtacer* de Sidi Khelil, ses commentateurs
Derdir, El Mouâq, Tataï, Abd El Bàqi, Ibrahim Lou-
qani et Nacir Louqani, Kherchi, Cheberkhiti, Toukhi-
khi, El Atthab, Mesnaoui, Bahram, Cheikh Salem,
Cheikh Ali El Adjouhari, Abd Er-Rahman El Adjou-
hari, Benou Rahhal, ses glossateurs Dessouqi, Eç-
Çaidi El Miceri, Er-Rhaouni, Benou Abd Er-Rahman
Et-Tlemsani, El Bennani El Fassi, Ahmed Ez-Zerqâni,
Cheikh El Amir, Cheikh Mustapha Er-Roumassi, Taou-
di ben Souda, Benou Razi, El Kosanthini, etc. La
Touhfa de Benou Acem, ses commentateurs Et Taoudi,
Dessouli, Ould Benou Alem, Meyara et son glossateur
Benou Rahhal. Le commentaire de Louqâni sur la
Khotba du *Moukhtacer*, la *Lamia* de Zouqaq, son com-
mentateur Taoudi ben Souda, son glossateur Dessouli.
Le *Mourched* de Benou Achir. Le *Toudih* de Khelil.
La *rissala* du Cheikh Mohammed ben Abi Zeïd ses
commentateurs El Hatthbab, Youssef ben Aoumer,
Tataï, Sidi Ahmed Zerrouq, Sidi Ali El Adjouhari,
Benou Nadji, Cheikh Nefraoui, Abou-l-Hacen, Sidi
Ahmed Zerrouq, Qelchâni, Djessous. Enfin, Abd Er-
Rahman El Ou'rlissi et son commentateur Zerrouq.

5

LA GRAMMAIRE

A'lm en-nahou. علم النحــو

L'*Alfiya* de Benou Malik, et ses commentateurs El Achmouni, El Makoudi, El Azhari, Mouradi, Benou A'qil, Ec-Chatibi, Sidi Khelil, Lakhmi ould en-Nadhim, Sidi Ahmed Zerrouq, les glossateurs Ez-Ziati, Cheikh Et-Thranbûthi, Bennani, Cheikh Ahmed ben El Hadj, El Melaoui. Cheikh Yassïn sur le *Tecrih* de Khaled El Azhari. Le *Tessahil* de Benou Malik également, et ses commentateurs El Ançari, El Mouradi, Abou Ahyan. Le *Moufassel* de Zamarchari. Le *Mour'na el-lebib* de Benou Hicham. Le *Lamiat el afaal* de Benou Malik. Le *Cheddour* de Benou Hicham. La *Kafia* de Benou Malik. Et la *Djarroumiga* d'Eç-Çanhadji et ses commentateurs Khaled El Azhari, El Kefraoui, Es-Soudani, El-Tsalebi, Ibrahim A'nani, Cheikh Djebril, Benou Qizan El Mesteranemi, Ali Ez-Zemmouri, etc.

6

LA RHÉTORIQUE QUI COMPREND L'INVENTION, L'EXPOSITION ET LES ORNEMENTS DU STYLE

A'lm el beïan ou el ma'ani ou el bedia. علم البيان والمعانى والبديع

Le *Moukhtacer* et le *Methouel* de Taftazani. Le *Djouher el meknoun* d'El Akhdari. L'*Arous* de Benou Soubki. Le *Miçba* d'El Djaïani, le *Miftah el a'ouloum* de Sekkaki.

Enfin Cheikh Ahmed El Malaoui, Cherif El Djordjani, Abd El Hakim, Khaïali, El Aïcam, El Merzouqi, Abou Saïd Mohammed El Hâdi, Et-Thaïbi, etc.

7

LA LOGIQUE

A'lm el menthiq. علم المنطق

Le *Soullem* du Cheikh Abd Er-Rahman El Akhdari, ses commetnateurs : El Bennani, Sidi Saïd Qeddoura El-Djezaïri. Le *Moukhtaçar* de l'Iman Es-Senoussi. Le *Qeslhass el moustaqim* de Razâli, La *Chemsia* de Kâtibi, son commentateur Qoutheb Ed-Din Er-Razi. Le *Thadsib* de Taftazani et ses commentateurs : Ed-Daouani et El-Khebiçi. *L'Icharat* de Benou Sina. Enfin El Rouriani, El A'ttal, El Oualali, etc.

8

LA PROSODIE

A'lm el a'roudh. علم العروض

La *Khezradjïa* du Cheikh Abd Alla ben Mohammed Khezradji, et ses commentateurs : Benou Merzoug, Ec-Cherif, R'ernathi, Ez-Zemmouri, Cheikh Zakaria, Sid Bou-Ras, Ahmed ben El Hadj, Ec-Çanhadji, Le *Kafi* de Tounsi. La *Rissalat eç cibân* de Demenhouri. Le *Ouaf* de Benou Cherif. Le *Louqthat-el moubtadi* de Si Ali ben Abd Er-Rahman, etc.

9

L'ARITHMÉTIQUE

A'lm el hassâb. علم الحساب

Le *Telkhiss* de Benou El Benna. La *Mounia* de Benou
R'azi. El Qelçadi. La *Qacida* de Sidi Abd el Qader El
Fassi, Sidi Amer ben Ibrahim, etc.

10

L'ASTRONOMIE

Alm et-iendjim. علم التنجيم

Le *Mouqna'el Kebir* et le *Mouqna'es-ser'ir* de Soussi,
et les deux commentaires qu'il en a faits. Le *Ner'mou
es-siradj* d'El Akhdari. La *Mandhouma* d'El Miknassi.
La *Rissala* d'El Mardini et son commentateur Et-Tad-
jouri. Benou Ahibâk. Le Cheikh Abd Alla ben Mohammed El-Tedjibi. Benou El Benna, El Atthâb, Benou
Merzoug (1).

_____

(1) Pour prendre la hauteur du soleil à Qaraouïn on se sert
d'une astrolabe qui porte une alidade et sur le cadran de laquelle
on a inscrit des lignes du Zodiaque, les noms des principales
étoiles utiles à la détermination des heures, les phases de la lune
et enfin un diagramme particulier pour trouver les éléments du
triangle sphérique qu'il faut résoudre pour le calcul du temps.
Grâce à notre compatriote, M. le capitaine Erckmann, les
tholba font aujourd'hui couramment ce calcul par les logarithmes.
C'est un service qui nous fera plus apprécier dans ce pays que
les vases de Sèvres et les boîtes à musique dont le Sultan paraît
s'amuser beaucoup, mais en réalité, par raison de haute politique,
pour gagner du temps et lasser la patience de tous les ambassa-
deurs ordinaires et extraordinaires.

11

LA MÉTAPHYSIQUE

A'lm el kalâm. علم الكلام

L'*Aqida* du Cheikh Senoussi, la *Koubra*, l'*Ouesta,* la *Sour'ra* et le *Ser'er es-Sour'ra,* et ses commentateurs : El Figuigui, Er-Roumassi, El Mellali, Benou Mezian El Meliani, Sidi Abd el Qâder Bekheddou. L'*A'mda* de Louqani et son commentateur El Youssi. Le *Mouhacil* de Sidi Ahmed ben Zekri Et Tlemsani. La *Djeziria* du Cheikh Ahmed ben Abd Alla El Djezaïri, etc.

12

LE ÇOUFISME

A'lm et-taçouof. علم التصوف

Le *Ihaya* de Razali, et son commentateur le Cheikh El Mourtadha. La *Rissala* d'El Qochaïri. L'*Abriz* du Cheikh Debbar. Le *Mabahits* de Benou El Benna. Le *Bour'iat es-salik* d'Es-Sahili. La *Rissala* de Zerouq et son commentateur Benou-Zekri. Le *Qout el quouloub* d'Abou Thaleb El Mekki. Le *A'ouarif el ma'arif* de Sharaouardi. Le *Chouâr* du Cheikh Mohammed ben Ahmed El Bedidi. Le *Tenouir* et le *Lethaïf el mennan* du Cheikh Benou Athalla. Enfin Kheroubi El Djezaïri, le Cheikh El Filali, Sidi El Youssi.

13

LA LEXICOGRAPHIE

A'lm el lour'a. علــم اللغة

Les *Maquamat* et le *Dourrat-el r'ouas* de Hariri et son commentateur Ec-Cherichi. La *Touhfat-el meqçour ou el memdoud* de Benou Malik. La *Maqçoura* d'El Makoudi, celle de Hazim, la *Djemahra* de Benou Doreid, le *Qamous*, Benou Mourahl, etc.

14

LA CONNAISSANCE DE LA DÉRIVATION GRAMMATICALE
DES MOTS

A'lm-et-teçrif. علم التصريف

« Selon les uns, c'est une branche de la syntaxe, suivant les autres, elle forme une catégorie distincte. »
On l'étudie dans Benou Malik son *Idjaz,* dans Benou el Hajib, Taftazani, etc.

A ces quatorze sciences qui sont tour à tour profesfessées à Qaraouïn, il faut ajouter les sciences suivantes qui font l'objet de cours spéciaux dans d'autres mosquées, le soir, et pendant les vacances de Qaraouïn.

15

LA THÉOLOGIE

A'lm el-touahid. علم التوحيد

Le *Ouirqat* d'Imam el harameïm. La *Sour'ra* de Senoussi.

La glose d'El Youssi sur la *Koubra* de Senoussi. La *Mandhouma* d'Abou Abd Alla Ed-Doukali. Celle de Yahia El Qerthoubi. La *Djouhara* du Cheikh Ibrahim El Louqani. Le *Mourchid el mouaïn* du Cheikh Abd El Andalousi. Le *Mouhacil* d'Er-Razi. Les *Fetouhat* d'Abou El Arbi. Enfin, Cheikh Djessous El Fassi, Benou Zakri, Er-Razâli, Sidi Abd Er-Rahman El Akhdari, etc.

16

L'HISTOIRE ET LA GÉOGRAPHIE

A'lm el-tarikh ou el djer'rafia. علم التاريخ والجغرافية

Ces deux sciences ne sont pas enseignées oralement ; les tholba les étudient dans les auteurs suivants :

Messa'oudi, Benou El Athir, Es-Soyouti, Ec-Chatibi, Abou-l-Fada, Maqarri, Benou Khathib, El Adhari, Obéïd El Bekri, Edrissi, Benou El Ouardi, El Abderi, Benou Bathoutha, Benou Khaldoun, El Qaramani, Benou Assakir, Benou Abi Zera'a, Er-Roua'ïni, Mour'lithaï, Es-Saïd Er-Rebathi, Abd El Ouahid, Abou Ishaq Es-Sidjilmassi, Sidi Bou Ras, El Qissi, Er-Zeïani, Cheikh Hamdoun ben el hadj El Fassi, etc.

17

LA MÉDECINE

A'lm et-thob. علم الطب

Le *Qanoun* de Benou Sina. La *Tedskira* du Cheikh
Daoud El Antâqi. La *Mandhouma* de Benou Sina, le com-
mentaire de Benou Rechd. La *Tedskira* d'Es-Souidi. Le
Kamil d'Er-Razi. La *Zebda* de Djorjani. Les *Moufridat*
de Benou El Bithar. Le *Haïat el haïouân* d'Ed-Demiri. Le
Hadiet el meqboulat de Merakchi. L'*Ardjouza* de Benou
Thelmous, et son commentaire de Abou Ali. Enfin el
Qlioubi, El Aïachi, etc.

18

LA PRATIQUE DU DROIT

A'lm el qadha ou el ahkâm. علم القضا و الاحكام

L'*Amel el fassi* du Cheikh Er Rebathi, sa glose d'El
A'miri. L'*Amel el mouthleq* du Cheikh El Filali. La *Tebçira*
de Benou Ferahoun. La *Lamia* de Zouqâq, et son commentaire du Cheikh Meyara L'*Outsaïq* de Fechtali et son
commentaire d'El Ouancherissi. L'*Outsaïq* de Badjaï. Le
Mouqrib d'Abou Zamaneïn. Enfin Benou Selmoun, El
Lakhmi.

19

LES NOMBRES TALISMANIQUES ET LA DÉTERMINATION PAR
LE CALCUL DES INFLUENCES DES ANGES, DES ESPRITS ET
DES ASTRES, DU NOM DU VAINQUEUR ET DU VAINCU, DE
L'OBJET DÉSIRÉ ET CELUI DE LA PERSONNE QUI LE
RECHERCHE.

علم الجدول واستخراج اسما الاملاك منه والروحانية والغالب
و المغلوب و حال الطالب و المطلوب

*A'lm el djedouel ou istikhrâdj asma el amlâk minhou
ou er-rouhania ou el-r'âleb ou el mer'loub oua hall et-
thâleb ou el methloub.*

Le *Derdj el merqoum* de Razâli, son *Mekachefet el
qouloub*. Le *Chems el ma'rif el koubra* de Bouni. Benou
Sirïn. Cheikh Sidi Mohammed El Fassi.

« Mais il est extrêmement rare de trouver un homme
qui possède bien les principes de cette science et puisse
l'enseigner. »

20

LES BELLES LETTRES

A'lm el adeb. علم الادب

Les *Makamat* de Hariri, leur commentateur Ec-Che-
richi. La *Touahfat el arib* d'Abou Medien *El Fassi*.
La *Meqcouca* de Hazim. Celle de Benou Doureïd. La
Lamiat el a'djem de Thoghraï. La *Lamiat el Areb* de

Chanfara. La *Rihanat el kouttab* de Lissân Ed-Dïn Benou-l-Khathib. La *Khezana* de Benou hadja El Hamaoui. Les *Mouhadarat* d'El A'arib. Les sept moua'lakat.

La qacida du *Borda* de Zoheir. Les *Hamasa* d'At-Thaï. Enfin Moutanabbi, Abou Nouas, Abou-l-A'oula. El-Khafadji. Benou Zakour. El Outhouath, etc.

CHAPITRE IX

Méthode d'enseignement. — Égards des étudiants pour leurs professeurs

« Les étudiants se bornent à écouter et à prendre en note les explications et les développements de leur professeur. Jamais ils n'adressent la parole à celui-ci quand il parle. L'un d'eux lit le texte, le professeur reprend le passage et l'explique ; d'abord au point de vue des mots, de leur acception générale, et enfin de leur valeur technique. Il en fait ressortir l'à-propos ou en critique l'emploi. Puis il cite les commentateurs, les discute et passe aux glossateurs. Et si malgré ces explications, les auditeurs ont encore quelques éclaircissement à demander, celui qui est le plus rapproché du Cheikh s'adresse à lui et le prie de revenir sur cette question. En adressant la parole à leur professeur, ils ont soin d'obéir à la recommandation du poète :

« La question doit être posée respectueusement. »

Et le professeur en dissipant de son mieux leurs doutes, se conforme à la seconde partie de ce précepte, car le poète, ajoute :

« Et la réponse doit se faire judicieusement. »

Si l'étudiant qui désire un renseignement ne se trouve pas au premier rang, il attend que la leçon soit terminée. Il rejoint le professeur quand il s'éloigne, et lui expose son désir. Le professeur lui répond, ou le renvoie au lendemain pour peser sa réponse.

Cette remarquable méthode est spéciale aux euléma de Fas. Elle consiste à mettre en regard les sources, puis à les opposer les unes aux autres et à passer ensuite aux commentateurs et aux glossateurs, à les étudier de la même façon ; enfin à ne pas abandonner la discussion tant que le moindre doute peut subsister dans l'esprit des personnes présentes. En toute occasion, les professeurs s'efforcent de s'exprimer dans le langage le plus correct et le plus éloquent.

CHAPITRE X

Place des professeurs suivant leur classe

« Si le professeur appartient au premier ordre, il s'assied sur une chaise très haute, dans un endroit de la Mosquée que lui désigne, au commencement des cours, celui qui est chargé de ce service à Qaraouïn. Son lecteur, c'est-à-dire celui qui lit à haute voix le texte de l'auteur

ou le passage du commentaire et de la glose s'y rappor-
tant, se trouve à ses côtés, lui faisant presque face.
Tous les tholba se groupent en cercle à droite et à gauche,
jamais derrière.

Quant aux professeurs des ordres inférieurs, ils n'ont
pas de chaise, ils s'asseyent simplement à terre entourés
de leurs auditeurs. Cet ordre a toujours été réglé de cette
façon à Qaraouïn, et il ne saurait y être dérogé.

CHAPITRE XI

But désintéressé de ces études

« Les tholba ne sont guidés par aucun motif intéressé.
Aucun avantage matériel ne les détermine à rechercher
l'instruction, contrairement à ce qui a lieu en Algérie, où
ils travaillent pour satisfaire aux exigences d'une commission d'examen, et obtenir un diplôme qui leur per-
mettra d'exercer une fonction d'*adel* ou de *qadhi*.

En principe général, nous musulmans, nous n'étudions
que pour acquérir des connaissances dans les diverses
branches des sciences humaines. Il nous est également
commandé par notre loi de nous instruire des préceptes
de notre religion, nous devons connaître toutes les
obligations qu'elle nous impose, le jeûne, les conditions
de la purification, les ablutions avec de l'eau ou du
sable, la prière, l'aumône, etc. Car tout homme pubère,
et doué de discernement doit être à même de s'en

acquitter dans les formes voulues. Le reste est de moindre importance et contingent, puisque nous pouvons nous adonner à une science et négliger l'autre. En outre, tout le monde a l'ambition de s'entendre citer parmi les euléma.

Mais l'étudiant est coupable s'il ne recherche la science que pour en tirer profit car, je le répète, l'homme ne doit désirer l'instruction que pour sortir des ténèbres de l'erreur, entrer dans le sein lumineux de la vérité, et être admis dans le cénacle des savants.

Dieu a dit : « Seront-ils donc mis sur la même ligne ceux qui savent et ceux qui ne savent pas ? » (Qoran, Sourate XXXIX, vers. 12). Et dans un autre endroit : « C'est ainsi que les plus savants d'entre les serviteurs de Dieu le craignent. » (Qoran, Sourate XXXV, vers 25.)

CHAPITRE XII

Examens

« Actuellement, je ne crois pas que les tholba soient appelés à subir des examens sur les matières enseignées à Qaraouïn. Cependant j'ai entendu raconter qu'autrefois le sultan Mouley Sliman (1) aimait à venir interro-

---

(1) Mouley Sliman régna de 1792 à 1822. Godard, il est vrai, (*opus laud*, 2ᵉ vol., page 573) ne le fait monter sur le trône qu'en 1795, après son frère Mouley Hicham. Mais celui-ci ne doit pas être regardé comme ayant exercé régulièrement le pouvoir, du

ger les tholba, et il récompensait dignement celui qui le satisfaisait dans ses réponses. L'un récitait devant lui le *Moukhtacer*, l'autre l'*Alfiya*, un troisième le Qoran et ses leçons; il leur faisait un présent en rapport avec le nombre des leçons du Qoran ou des chapitres de Sidi Khelil qu'ils savaient par cœur.

A l'époque où je me trouvais à Fas, il n'y avait pas d'examens; et d'après ce qui m'a été dit, il n'en a pas été établi depuis. Un étudiant est jugé d'après son intelligence, ses aptitudes, sa mémoire; et il n'est nul besoin de le récompenser pour cela. Quant à celui qui brigue une position on s'en rapporte au jugement de ceux qui le connaissent; on met en ligne de compte sa science et son honorabilité. Il faut qu'il ait donné des preuves de son savoir, et que sa conduite soit exemplaire.

CHAPITRE XIII

Diplômes délivrés aux tholba

D'après une coutume fort ancienne et qui a été suivie à toutes les époques par les docteurs musulmans, les professeurs seuls peuvent donner une *idjaza* اجــازة

---

moment où l'ordre de succession n'est pas fixe au Maroc et que l'investiture est conférée au plus digne des aspirants au trône, pourvu qu'il appartienne à la famille régnante. (Conf. J. Erckmann, *Nouvelle Revue*. Numéro du 1er novembre 1887, page 179. *La maladie de l'Empereur du Maroc*. Or, Mouley Sliman fut seul reconnu par les eulema de Fas en mars 1792. (Voyez Er-Zeïani, *opus laud*, page 169).

« diplôme de licence » à leurs élèves qui ont suivi
leurs cours pendant une ou plusieurs années. Tout autre
ne peut le faire. A Fas, ni le Qadhi, ni les autorités de
la ville n'ont qualité pour délivrer une idjaza aux étudiants de Qaraouïn.

Il est aisé à un professeur de constater chez un de
ses auditeurs la maturité de jugement, le sens critique, la
justesse d'esprit et d'autres qualités qui le rendent digne
de l'idjaza. Il la formulera en termes généraux et élogieux,
ou bien il lui donnera une forme plus modeste, suivant
le mérite du bénéficiaire.

Voici en quels termes elle peut être conçue :

« Louange à Dieu. Que Dieu répande ses bénédictions
« sur Notre Seigneur Mohammed et lui accorde le salut.
« J'ai délivré à un tel, porteur de cette attestation écrite de
« ma main, la licence d'enseigner tout ce qu'il a appris
« à mon cours ou recueilli de ma bouche. Elle s'étend
« au *Recueil de traditions* de Boukhari, au *Moukhtacer*
« de Sidi Khelil, etc. »

Si c'est un grammairien, il mentionnera l'*Alfyia* de
Benou Mâlik, la *Djaroumyia*, etc., ou tout autre ouvrage
qu'il sera capable d'enseigner. Cette formule n'est jamais
la même, elle varie avec celui qui confère la licence
comme avec celui qui la reçoit. Quant au Qadhi de Fas,
il est étranger à cela ; et il ne demande la production de
ce diplôme que lorsqu'il a un fonctionnaire à nommer,
adel ou qadhi dans les environs de Fas ou à l'intérieur du
pays. Car il ne choisira jamais qu'une personne présentant
des garanties et prouvant qu'elle est capable de remplir
les charges de sa fonction, qu'elle saura rendre un jugement, dresser un acte de mariage, de vente, etc., liquider

une succession sans commettre d'erreurs et en se conformant à toutes les conditions légales de validité et
d'authenticité. Or, ceux-là seuls qui ont fait des études
sérieuses peuvent satisfaire à toutes ces exigences.

CHAPITRE XIV

Indépendance des Étudiants

Les tholba ne sont responsables de leur conduite qu'envers eux-mêmes. Ni cheikh, ni personne n'a le droit de
contrôler leurs actes et n'est autorisé à se mêler de leurs
affaires personnelles. Tant pis s'ils ne travaillent pas !
Il est superflu de leur en démontrer la nécessité, car tous
sont raisonnables, pieux, intelligents, de bonne éducation
et honnêtes. Quand, par hasard, l'un d'eux s'écarte de
son devoir, si parmi ses camarades il a un frère ou un
parent, celui-ci lui fait des remontrances, et le ramène
dans la bonne voie. Et lorsqu'il a sous les yeux le
spectacle de tous ses camarades dédaignant le plaisir (1),
assidus aux cours, il les imite et à son tour s'applique

(1) Sont-ils vraiment aussi austères que l'auteur le prétend ?
Cet ascétisme ne va guère avec un caractère de vingt ans. Libres
comme ils le sont, je me laisserai difficilement persuader qu'ils
s'abiment sans aucune trêve dans leurs études abruptes. Pas plus
que leurs camarades oranais ils ne doivent se refuser quelques
excursions du genre de celles qui sont contées dans le « Récit des
aventures de deux étudiants arabes au Village Nègre d'Oran »

à l'étude avec ardeur. S'en rencontre-t-il un, affligé de par la volonté de Dieu d'instincts pervers, un de ceux que ni médecin, ni médecine ne peuvent guérir, tous s'en détournent. On fait le vide autour de lui, il ne saurait trouver un seul ami.

Bref, les tholba à Fas ne sont sous le regard que de leurs professeurs et de Dieu.

CHAPITRE XV

Leur instruction antérieure

Les jeunes arabes originaires de Fas n'entrent à Qaraouïn que lorsqu'ils ont fréquenté pendant un certain nombre d'années les écoles de la ville. Ce n'est que lorsqu'ils savent le Coran par cœur et les premiers éléments de grammaire et de rhétorique, qu'ils vont prendre place aux cours supérieurs de l'Université. Quant aux tholba étrangers leur instruction est plus ou moins développée. Ainsi ceux qui viennent de nos contrées (Algérie) ne savent guère que Sidi Khelil. D'autres ont de plus quelques connaissances en grammaire, d'autres enfin ne savent pas grand chose. Mais Dieu leur accorde son appui; il éclaire de ses lumières celui qu'il veut.

CHAPITRE XVI

Leurs rapports avec le gouvernement

« Le gouvernement n'exerce aucune autorité sur les tholba en ce qui concerne leur conduite privée et la discipline intérieure des mederças. Il n'est appelé à intervenir que si un crime a été commis. Dans ce cas, le gouverneur de Fas est informé du fait, il en saisit le Qadhi et lui défère le criminel. Le Qadhi rend son arrêt qui le condamne ou l'acquitte.

Il est alloué par le gouvernement une subvention aux étudiants qui logent dans les mederças : un pain par jour. Mais son action se borne là, et il n'a pas à s'enquérir s'ils suivent leurs cours ou non. J'ajouterai que le logement ne leur est pas donné gratuitement. Ils achètent la jouissance d'une chambre dans une des mederças de la ville, et ils y logent jusqu'à la fin de leur séjour. Ceux qui n'ont pas les moyens de payer, cherchent un camarade obligeant qui consent à les prendre avec lui. Bref, un thaleb couche où il peut, et comme il peut (1).

---

(1) Il est en effet à remarquer que le coucher préoccupe fort peu un étudiant arabe. Il ne s'inquiète de savoir où il passera la nuit qu'au moment où les honnêtes gens rentrent chez eux. Pas exigeant sur ce chapitre, un coin un peu abrité et une natte sont un confortable auquel il ne peut prétendre tous les soirs. (N. D. T.) (*Conf. Récit des Aventures, opus laud*, page 50).

CHAPITRE XVII

La fête du roi des tholba

« A l'entrée du printemps, après l'équinoxe, quand le
ciel s'éclaircit et que l'on n'a plus à redouter les froids,
ni les pluies des jours assombris, au moment où les
champs verdissent et les arbres se couvrent de fleurs,
les tholba décident qu'ils vont célébrer leur grande fête
annuelle. Au jour convenu, ils se trouvent tous réunis
à Qaraouïn et ils montent ensemble à *Fas djedid*.
Arrivés près du palais du sultan, ils récitent en chœur
quelques versets du Coran. Le sultan, son représentant
ou l'un de ses ministres les entend et ordonne d'intro-
duire une députation. Il leur demande ce qu'ils désirent ;
les étudiants lui expliquent qu'ils ont l'intention de
vendre aux enchères la royauté de leur corporation,
et de camper en dehors de la ville. Le sultan acquiesce à
leur désir et leur fait remettre une certaine somme d'argent.
Ils retournent tous chez eux, et le lendemain ou quelques
jours après, suivant ce qu'ils ont décidé, ils se réunissent à Qaraouïn pour la vente du titre de roi, pendant la durée de leur fête. Celui qui offre le plus haut
prix est déclaré adjudicataire. Il paie, et on le proclame
سلطان الطلبة *solthan et-tholba* « roi des étudiants. »
Il nomme ses dignitaires, son porte-parasol, son premier ministre, son trésorier, etc. Puis il monte à cheval
et traverse la ville suivi d'une escorte de gardes et de
fonctionnaires qui copient la disposition de la cour du
sultan quand il paraît en public.

Durant plusieurs jours il parcourt ainsi les rues, les fondoucks et les marchés de la ville, récoltant les offrandes des négociants. Cet argent joint à la somme qu'il a versée pour l'acquisition de son titre est réparti entre les étudiants qui achètent des vivres et tous les ustensiles nécessaires pour préparer leurs aliments et faire le thé. Ils apportent leurs provisions à leur camp assis sur l'Oued Fas, et ils n'oublient pas ce qui peut leur servir à passer gaiement cette semaine de liesse : instruments de musique, jeux, etc.

Le roi des étudiants désigne ensuite un certain nombre de tholba chargés de distribuer entre leurs camarades l'argent récolté et tous les présents qui ne cessent d'affluer au camp.

Cette fête dure une semaine entière, et il n'est pas de jour où ils ne reçoivent la visite des gens de Fas. Une fois ce sont les cordonniers, puis les marchands de cuivre, les marchands d'étoffe, les *derrarïn* (maîtres d'école), les crieurs publics, les membres du gouvernement. Personne ne voudrait leur manquer d'égards. Le septième jour, l'empereur du Maroc lui-même, à la tête de sa cour se rend au camp des étudiants. Leur roi monte aussitôt à cheval et va à sa rencontre. Après l'échange de quelques compliments, le sultan lui remet une bourse pleine d'or. Le roi des étudiants sollicite alors quelque faveur pour lui : le droit de ne plus payer d'impôt durant toute sa vie, ou une nomination à un emploi. Il est rare que le sultan ne le lui accorde pas. A la nuit tombante, le roi des étudiants rentre à Fas, mais il n'y séjourne pas longtemps, n'ayant plus rien à y obtenir, il retourne dans sa tribu.

CHAPITRE XVIII

Durée des études. — Age d'admission aux Cours

« Le stage des tholba à Fas est très variable, il est plus ou moins long suivant leur intelligence, leur facilité et leurs dispositions naturelles. Les uns ont terminé leurs études en quatre et cinq années, tandis que d'autres y consacrent beaucoup plus de temps.

Il n'y a pas d'âge fixé pour l'admission aux cours, pas plus qu'il n'y a de limite au delà de laquelle l'on n'est plus toléré à Qaraouïn. Cependant, en général, on n'y voit que des hommes faits, c'est-à-dire d'au moins dix-huit ans. On exige toujours d'eux qu'ils sachent entièrement le Coran par cœur.

CHAPITRE XIX

Choix par les étudiants des auteurs étudiés aux Cours

« Au début des cours, les étudiants font connaître à leur professeur le désir qu'ils ont d'étudier tel ou tel ouvrage. Celui-ci commence alors cet auteur à la première page au *bismilla*, « Au nom de Dieu » et il ne l'abandonne pas qu'il n'ait atteint la péroraison. Peu importe la longueur du livre et le temps qu'il faille y consacrer. Jamais ils n'agissent différemment. Quand un étudiant à l'intention de n'étudier qu'un fragment d'un ouvrage, par exemple un chapitre de Sidi Khelil ou la *khothba* de Benou Malik, il est obligé de s'adresser à l'un de ses camarades capable de le lui apprendre. Ce dernier le lui enseigne en tête-à-tête, ou dans un petit cercle d'amis qui se donnent rendez-vous à la méderça ou dans une mosquée de la ville, mais jamais à Qaraouïn.

CHAPITRE XX

Durée des Cours. — Vacances

« A aucun moment de l'année les étudiants n'interrompent leurs études d'une façon complète. Cependant quelques jours avant le mois de *Ramadhan* (1), dans la seconde moitié de *Cha'ban*, les professeurs avertissent leurs auditeurs que les cours sont suspendus jusqu'au milieu de *Chouâl*. Ils les reprennent ensuite jusqu'au premier quartier de la lune de *Dsou el hadja*. On les suspend à nouveau jusqu'à celle de *Moharrem*. Enfin ils sont interrompus du commencement de *rebia el ouel*

---

(1) Voici le nom des mois de l'année musulmane : 1er *Moharrem*. 2e *Safer*. 3e *Rebiâ el ouel*. 4e *Rebiâ et-tsani*. 5e *Djoumadi el ouel*. 6e *Djoumadi et-tsani*. 7e *Redjeb*. 8e *Cha'bân*. 9e *Ramadhân*. 10e *Chouâl*. 11e *Dsou el qa'da*. 12e *Dsou el hadja*.

jusqu'au milieu de *rebia et-tsani*. Ces vacances se nomment *el a'ouachir*. Mais, ainsi que je l'ai dit, les étudiants ne mettent jamais de côté leurs livres. Ils profitent de ce répit de plusieurs mois pour lire des auteurs qui ne sont pas expliqués à Qaraouïn, et pour étudier des sciences qui n'y sont pas représentées par une chaire, comme la géométrie, la médecine, l'astronomie, la connaissance du lever et du coucher du soleil, la musique, etc.

———

CHAPITRE XXI

Considération dont jouissent les professeurs

« Les professeurs à Fas sont entourés de l'estime et du respect non seulement de leurs élèves, mais encore des fonctionnaires et en général des habitants de la ville ; tous ont pour eux la plus profonde vénération. Et quand un professeur sort de Fas pour aller en pélérinage ou pour n'importe quel motif, les fonctionnaires du pays qu'il traverse le reçoivent avec empressement. Ils lui font de magnifiques présents, et s'il intercède auprès d'eux en faveur d'un coupable, sa peine lui est remise, et il est rendu à la liberté.

Les professeurs reçoivent un traitement fixe qui leur est payé tous les mois. On leur donne à l'entrée de l'été des bœufs pour leur provision de viande salée et de graisse; puis du blé de la plus belle qualité, de l'huile, du beurre salé, du savon, en un mot tout ce dont ils ont besoin pendant le cours de l'année entière. On met à leur disposition une maison d'habitation qu'ils sont libres de louer s'ils en possèdent déjà une. On leur fournit également des vêtements pour l'hiver et d'autres pour l'été. Outre leur chaire à Qaraouïn, ils ont souvent un second emploi qui leur est payé. Certains font même un cours dans d'autres mosquées.

Tout ceci vient en augmentation de ce qu'ils reçoivent à Qaraouïn, et le professeur dont la réputation de savoir, de sagesse et d'expérience est bien établie, voit ses revenus augmenter. Il peut satisfaire à tous ses besoins, et dépenser encore pour s'instruire. Dieu est le plus savant !

CHAPITRE XXII

Emulation entre les étudiants

« Sans nul doute les étudiants ont tous le désir d'être des mers de science, et d'acquérir une somme de connaissances plus considérable que leurs camarades; on ne peut qu'approuver une émulation aussi généreuse. Mais il faudrait les blâmer, si ce sentiment dégénérait en animosité; car, porter envie à celui qui

a reçu en partage une surabondance de dons naturels
est une faute grave. Malheureusement les savants ne
sont que trop enclins à se haïr entre eux.

CHAPITRE XXIII

Prestige des tholba dans leur tribu

« Il est une chose que l'on comprendra aisément,
c'est que les savants ne sont recherchés que dans un
pays où l'on est capable de les comprendre; et d'autant
plus estimés que la civilisation des habitants est plus
développée. Un homme vénère-t-il un savant? Soyez
certain que ce n'est point un ignorant, et que ce savant
aura découvert en lui des qualités qui répondent aux
siennes.

Je veux vous citer un proverbe dont vous pèserez
bien tous les termes : « Celui que le savant doit redouter, c'est l'homme sans instruction. »

Malgré tout, il faut reconnaître que l'homme instruit
est respecté. On lui témoigne une certaine déférence ;
on recueille ses paroles, et l'on suit ses conseils. Ainsi
un thaleb qui peut fournir la preuve de son savoir par
l'*idjaza* de ses professeurs sera admis à ouvrir un
cours, sans autre justification, ni formalités. En outre,

on le consultera quand des difficultés surgiront entre les membres de la tribu, et il mettra fin aux différends. D'autre part, sollicite-t-il un emploi? Son diplôme sera sa meilleure recommandation, il conservera toujours ce titre précieux qui lui ouvre toutes les portes. Cela n'empêchera pas que s'il se montre indigne de la confiance de ses compatriotes on ne le chasse ou le révoque.

CHAPITRE XXIV

Obligation du domicile à Fas imposée aux professeurs

« Les professeurs de Qaraouïn ne sont point tous originaires de Fas, au contraire beaucoup sont étrangers. Il y en a de toutes les contrées du Maroc; quelques-uns même viennent de très loin. Une seule condition leur est imposée à laquelle ils ne peuvent se soustraire sous aucun prétexte, c'est de résider à Fas et de s'y établir autant que possible avec leur famille. Il n'y a pas de formalités à remplir pour être nommé. Au décès, ou à la démission d'un professeur titulaire, on le remplace par celui que la voix publique désigne comme le plus digne et le plus apte à occuper la chaire vacante.

CHAPITRE XXV

Causes de la supériorité des tholba de Fas

« Personne ne conteste que les tholba de Fas n'aient une supériorité incontestable sur les autres étudiants. Ils ont une sûreté de jugement et une érudition qui ne laissent pas que de vous surprendre. C'est le fait seul du mérite de leurs illustres maîtres. Ceux-ci sont l'élite des savants de l'Occident, car ils ne se bornent point à l'étude d'une seule science comme dans l'Est, ils les ont toutes approfondies. Voyez au contraire ceux qui dans notre pays (Algérie), se font appeler « savants ». Que savent-ils ? Sidi Khelil, et voilà tout. Posez-leur des questions, ils resteront muets. Tel passe pour une lumière qui est incapable de lire correctement un texte. Que dis-je ! d'un sujet il fera un régime, où il faudra lire *i*, il lira *ou*, etc. A l'entendre, la syntaxe est accessoire ; l'on peut fort bien s'en passer. Comment voulez-vous que les étudiants sachent quelque chose avec de semblables professeurs ? Ah ! comme ils méritent bien cette apostrophe de l'auteur du *Qesthass el Moustaqim* : (1) »

« Le premier venu a le front de vouloir enseigner.
« Il lui plaît, l'imbécile, de s'entendre appeler : « Mon-
« sieur le professeur, Monsieur le jurisconsulte. » O vous
« qui conservez encore le culte de la science, écoutez
« ce vers souvent cité :

---

(1) Voyez ci-dessus au chapitre de la logique.

« Le pauvre animal est-il donc si maigre et en si
« piteux état que tous les va-nu-pieds veulent l'ache-
« ter ? » (1)

———————

Sid Mohammed El Harchaoui termine par un chapitre sur l'enseignement musulman à Tlemcen avant
notre occupation. La péroraison, *el Khatima* est l'historique de cette ville. Je ne puis découvrir la transi-
tion qui nous amène de Fas à Tlemcen et justifie une
semblable digression ; aussi ne traduis-je pas la dernière
page de mon manuscrit.

A cette exception près, on ne peut méconnaître que
ce document renferme un ensemble de détails précieux,
exposés avec plus de netteté et de méthode que l'on ne
s'attendait à en trouver chez un écrivain arabe. Certaines considérations dénotent même chez leur auteur
un esprit élevé, une grande expérience et un fonds
d'instruction solide.

Les renseignements qui m'ont été remis par le professeur Edriss ben Tsabet, à part quelques divergences
secondaires, corroborent entièrement le document dont

———————

(1) Chez les Arabes, les chameaux en mauvais état, maigres,
à la viande malsaine ne sont achetés que par des gens pauvres.
Au dire du poëte la science a subi aujourd'hui une telle dépré-
ciation, c'est une marchandise si avilie, qu'elle est à la portée de
toutes les bourses, autrement dit de toutes les intelligences même
les plus stupides.

on vient de lire la traduction. Ils sont contenus dans
des lettres écrites à des dates différentes, lettres que je
provoquai quand le développement de mon travail me
suggérait des doutes, ou nécessitait des éclaircisse-
ments. Je n'en extrais que les passages qui ne font
pas double emploi avec la rédaction de Si Mohammed
el Harchaoui, et j'analyserai en même temps les notes
que j'ai compulsées soit dans les auteurs européens
déjà cités, soit en majeure partie dans des textes arabes
inédits et auprès de cheikhs et tholba marocains;
n'omettant rien des détails dont aucun n'est pour nous
sans intérêt, relativement à la ville de Fas, la mosquée
de Qaraouïn, sa bibliothèque, le commerce des livres et
la vie littéraire dans cette ville, la situation des professeurs, les tholba, leur *curriculum vitæ*, leur fête, etc...

On a lu à la première page de la traduction l'étymologie imaginée par les Indigènes pour le nom de *Fas*
en arabe فـاس. Dois-je ajouter qu'elle n'a pas la
moindre vraisemblance, bien que l'auteur du Qarthas
ait cru la consigner dans son livre [1]. Nul moins que
les Arabes n'est embarrassé pour expliquer l'origine
du nom d'une cité, et certaines de leurs découvertes
dans ce genre sont réellement amusantes. Pour mémoire je rappelerai les autres étymologies de Fas.

Ce mot signifierait encore « argent ». Comment? Je
l'ignore, à moins qu'il ne soit une corruption de فضّة
fodhsa, ou encore la prononciation adoucie de فصّ
foss, qui désigne une pierre précieuse que l'on monte
en chaton.

---

[1] *Opus laud*, page 53.

Fas, son Université
par C. Delphin.

FAS

& ses Environs

Mr d'après les documents fournis par
Mr Jules Erckmann, Capitaine d'artillerie,
ancien Chef de la Mission Française
au Maroc.

N
O ← → E
S

Echelle

0   500   1000   2000   3000   4000   5000

Oued

Fas

Route de Tanger Rebat, Meknez,

dar Bibbi

Aguedus

FAS DJEDID

Ancienne Batterie
de Mulaj Abderrahmen

Mellha

Bordj

Bordj

Bab Segma

Bab Nakora

Bab Mharoc

FAS BALI
(Médina)

Bordj

Bab el Housa

EKAROUIN

Bab Sidi
Bou aïda

Ruine

Bab Ftouh

Route d'Oujda

Oued   Sebou

As-el-Ma

Aujourd'hui encore Fas est divisé en deux parties distinctes, l'une sur la rive gauche du fleuve est l'ancien Fas, *Fas el bali* ou *Medina ;* et l'autre, sur la rive droite, est *Fas el djedid*, Fas le-neuf.

Fas el bali comprend trois faubourgs nommés :

El Andaless.

El Lamthyïn.

El A'doua.

qui sont eux-mêmes subdivisés en six quartiers chacun.

Dans le premier on a : El Qalqilyïn, El A'ioun, Ras el djinân, El Qetthânïn, oued Archacha, Ec-Cherrablyïn.

Dans le deuxième ; Seba'louyat, Rahbet-Qiss, El Blîda, Es-Sâr'a, Qenthra Bou-Rouss et Guerniz.

Dans le troisième : Sidi El A'ouâd, El Mokhfyia, Sidi Abd Er-Rahman El Melili, Djamà Sibbouss, El Kiddân et Ec-Ceffah.

La partie haute de la ville s'appelle encore Et-Thala' et le bas El Adoua.

Fas djedid est formé de la Qaçba et du Mellah des Juifs.

La rivière qui court entre les deux villes et dont les eaux, excellentes d'après le Qarthas, mais en réalité détestables (1), déterminèrent l'Imam Edriss à choisir cet emplacement pour sa capitale, prend sa source à l'Ouest de la ville au lieu dit, *Ras el ma.* Dans sa partie supérieure elle se nomme Oued el djouher « la rivière aux

---

(1) « *Le Roudh el Qarthas* exagère beaucoup les qualités des eaux de Fez. Il y en a rarement d'aussi mauvaises. L'Oued Fez est une ignoble rivière peuplée de tortues, dans laquelle on lave les loques les plus infâmes. Jamais je ne me suis bien porté à Fez. On doit boire, pour éviter les accidents, de l'eau venant de l'aqueduc de Dar el biher ou bien du Sebou. » E.

Conf. Gabriel Charmes, *opus laud*, page 263.

perles, » en traversant la ville elle prend le nom de Oued
Fas. Enfin, en aval des murs, quand elle sort de Fas
souillée et boueuse, entraînant les ordures (1), on la
nomme Bou Kherareb, appellation que je n'ai trouvée
dans aucun auteur, mais qui n'est point douteuse, car je
la tiens de tous ceux que j'ai questionnés à ce sujet. De
là, les eaux sont recueillies dans des canaux et réparties
entre les magnifiques vergers qui entourent Fas d'une
verte couronne et où l'on récolte des pommes et des
abricots renommés. Enfin elle termine son cours en se
jetant à l'Est dans le Sebou.

La population de Fas, assez dense, puisqu'elle est éva-
luée à quatre-vingt mille habitants, ne semble pas donner
raison au dicton qui a cours dans nos contrées : « *Fas
bla nass* فـاس بـلا نـاس « Fas, ville sans hommes. »
Comme je m'étonnai de cette anomalie, il m'a été
répondu : « Cette remarque ne s'applique pas au nombre
des habitants, mais à leur caractère. Ils sont avares,
entêtés et jaloux. » Le mot tel qu'il est répété aujour-
d'hui remonte à Benou El Khathib qui dans sa qacida
sur Fas a écrit ces vers :

* افاسى الحـب فيك وانت فاس *

* وقلبى من تـذكـارك غير نـاس *

*Ouqâssi el houbba fika ou enta qassi
Oua qalbi min tidkarika r'eir nassi.*

« Je souffre d'un violent amour pour toi, tu ne cesses
« de raviver ma douleur.

« Et mon cœur ne saurait bannir ton souvenir. »

---

(1) « Les travaux des égoûts de Fez ont été faits par un rené-
gat français nommé Desaulties (et non de Sorty) natif d'Aubigny
(Pas de Calais), qui était allé au Maroc pour satisfaire sa passion

* بلاد لم تكن وطنا لحر *

* ولا طويت على رجل مواس *

Bilâdoun lem takoun ouathenän lihourrïn
Oua la thaouiet a'la radjoulin mouassi.

« O ville qui ne fut jamais la patrie d'un cœur noble et généreux,

« Et qui jamais n'abrita un homme compatissant. »

* واما ارضها فاجل ارض *

* واما ناسها فافل ناس *

Fa amma ardhouha fa adjelou ardhi
Oua amma nassouha fa aqel nassi.

« Son sol, il n'en est pas de plus glorieux.

« Mais ses habitants sont les derniers des hommes.(1) »

---

pour les femmes. Le sultan Sidi Mohammed l'avait reçu, et pour savoir de suite s'il était savant, et si par conséquent on devait le faire manger avec les domestiques ou avec les tholba, lui avait demandé quelle était la circonférence de la terre. Chose étrange, Desaulties n'avait jamais bien su l'arabe, dans ses papiers on trouva des brouillons de discours arabes écrits en caractères français et qu'il préparait à loisir pour pouvoir les débiter ensuite. » E.

(1) Ce reproche pèse aux habitants de Fas car voici une anecdote qu'ils opposent à l'épigramme de Benou El Khathib : « Voulant connaître le caractère des habitants de ses deux capitales, un sultan fit arrêter un jour, sans motif, les dix principaux notables de Maroc. Les habitants se tinrent coi. Quelque temps après, il fit la même chose à Fez. Les habitants fermèrent les quartiers, se révoltèrent et sommèrent le sultan de relâcher les prisonniers ; ce qu'il fit en leur donnant des présents et en déclarant que les Fezzins étaient des hommes, *ouma nass*. Ce sont en effet de fortes têtes. Excités par les tholba très indépendants, et ne se gênant nullement pour critiquer les actes du sultan, ils lui résistent souvent. Un jour il avait voulu faire filer une partie du trésor dans le Tafilet, en le cachant dans des pots à beurre, mais les habitants s'en aperçurent et firent rentrer l'argent. Néanmoins depuis cette époque, le trésor est à Maroc, ville tranquille. » E.

Léon l'Africain leur prête les vices les plus étranges(1), mais je crois cet auteur sujet à caution.

Les mosquées, chapelles et zaouïas sont trop nombreuses pour les citer toutes. Léon l'Africain prétend que l'on en comptait sept cents lors de son séjour à Fas.

Ce chiffre est peut-être exagéré, cependant si l'on se souvient qu'à notre entrée à Alger en 1830 cette ville, avec une population bien inférieure à celle de Fas et surtout d'un fanatisme religieux moins outré, en renfermait encore cent soixante seize (2), on peut en déduire que Fas compte encore de trois cent cinquante à quatre cents mosquées. Mais la Khotba du vendredi n'est pas faite dans toutes indistinctement. Seize seulement ont rang de grande mosquée. Voici une phrase mnémotechnique qui m'a été dictée par un thaleb ingénieux, pour en retenir le nom. Chaque consonne représente la première lettre du nom de l'une de ces seize mosquées. On ne tient pas compte des lettres faibles ي و ا *a, ou, i.*

٭ فــالوا فــدور عندك فبيح شمشــام ٭

QaLou QeDouR A'NDeK QeBiH CHeMCHaM.

« Ils dirent, Qaddour, tu as chez toi un vaurien, sans cesse à flairer. »

Phrase ridicule comme toutes celles du même genre, mais dont le sens absurde est le mérite essentiel, puisqu'il contribue à en rappeler le souvenir.

---

(1) *Opus laud*, page 152, *verso.*

(2) Albert Devoulx. *Les édifices religieux de l'ancien Alger.* Alger 1870, in-8, page 3.

Voici donc leurs noms :

Mosquée	d'el Qissa,	جامع القيسة
id.	d'el-Louza,	جامع اللوزة
id.	de Qaraouin,	جامع الفروين
id.	d'ed Diouàn,	جامع الديوان
id.	d'er-Recif,	جامع الرصيف
id.	d'abou A'nan,	جامع ابى عنان
id.	d'el-aNdaless,	جامع لا ندلس
id.	de Mouley Driss,	جامع مولى ادريس
id.	el Kebir,	جامع الكبير
id.	Qaçbet-en-nouar,	جامع قصبة النوار
id.	Bou djelloud,	جامع بو جلود
id.	el Hamra,	جامع الحمرة
id.	ec-Chaouni,	جامع الشاونى
id.	el iMania,	جامع اليمانية
id.	ec-CHerrablyin,	جامع الشربليين
id.	el-Mederça,	جامع المدرسة

La mosquée de Mouley Edriss (que l'on prononce
souvent Driss comme ci-dessus), est la plus sainte
car le corps du chérif y repose [1]. Celle de Bou Djelloud
est le rendez-vous des hommes de lettres. Ils forment
là un petit cénacle, et chacun à son tour prononce
la prière du vendredi et la khotba. Mais Qaraouïn
est le *dar el a'lm* العلـم ردار le siège de l'Université.

---

(1) « Les portes, passages et corridors qui font communiquer
Mouley Driss avec le reste de la ville sont barrés par une sorte
de pièce de bois à hauteur d'homme ; lorsqu'on a franchi la bar-
rière on ne peut plus être poursuivi. On raconte qu'un consul
espagnol ayant franchi cette barre fut foudroyé par le saint qui
est enterré dans cet édifice. Si l'histoire est vraie, je crois plutôt
qu'on lui aura fait boire quelque poison dans une tasse d'*athèï*
(thé arabe). » E.

Qaraouïn dont l'emplacement est indiqué dans le plan annexé à cet ouvrage est situé dans le quartier d'el A'doua à Fas-bali (1). Sa construction fut entreprise le 1er ramadhan de l'année hégirienne 245 correspondant au 30 novembre 859 de J.-C. (2), sous la direction d'une femme, Fathma Ouum el Benîn, fille de Mohammed el Feheri, émigré de Kairouan (Tunisie). De là son nom. A la mort de son père, elle y consacra toute sa fortune.

Ses proportions étaient alors plus restreintes qu'elles ne le sont aujourd'hui. Elle fut d'abord agrandie par le gouverneur de Fas, Saïd ben Othman Ez-Zenati qui, en 345 de l'hégire (956-957 de J.-C.), termina la construction du nouveau minaret sur le sommet duquel il plaça une pomme en métal doré, incrustée de perles et de pierreries et surmontée elle même de l'épée d'Edriss ben Edriss, le fondateur de la ville. Dans la suite, le hadjeb El Mamoun ben Ali Amer remplaça l'ancien minaret par un dôme sur lequel il fit clouer des signes et talismans : « Un de ces talismans, écrit l'auteur du Qarthas, avait pour vertu de préserver les mosquées de tous les nids de rats ; ces animaux ne pouvaient pénétrer dans le saint lieu sans être aussitôt découverts et détruits. Un autre, sous la forme d'un oiseau tenant en son bec un scorpion dont on n'apercevait que les palpes, garantissait la mosquée des scorpions, et s'il arrivait qu'un de ces insectes y pénétrât transporté sur le haïk de quelque fidèle, il ne tombait point et sortait

---

(1) « Cette mosquée ne se voit pas de loin, comme celle de Maroc, parce qu'elle est dans un fond et que la ville est très accidentée. L'intérieur est très beau. » E.

(2) Qarthas, pages 66 et suiv.

en même temps que celui auquel il était accroché. »
Un autre éloignait les serpents.

On mit encore la main à cet édifice sous la domina-
tion des Almoravides. Le Qadhi Mohammed ben Daoud
avec les revenus de la mosquée acheta un terrain
contigu qui permit d'élargir l'enceinte. Il construisit le
mihrab avec une coupole chargée d'ornements et de
peintures.

A l'époque où vivait l'auteur du Qarthas, au commencement du XIVᵉ siècle de notre ère, Qaraouïn avait
270 colonnes formant 16 nefs de 21 arcs chacune, et
22.700 musulmans pouvaient y prendre place.

Enfin Léon l'Africain, dans lequel je trouve la dernière
description de Qaraouïn(1), écrivait deux siècles plus
tard : « Entre tous les autres temples il y en a un principal et majeur lequel est appelé le temple de Carauven
(Qaraouïn), qui tient de circuit environ un mille et demi,
ayant trente et une portes fort grandes et fort hautes.
Le couvert contient en sa longueur cent cinquante
brasses toscanes et n'en tient guères moins de quatre-
vingts en largeur. La tour d'où on crie est fort haute,
le couvert en la longueur est soutenu par trente huit
arcs et la largeur en a vingt, étant le temple, c'est à
savoir du Ponant, du Levant et de Tramontane envi-
ronné de certains portiques dont un chacun a de
largeur trente coudées et quarante en longueur, et
sous iceux il y a des magasins, là où se gardent
l'huile, lampes, nattes et autres choses nécessaires en
iceluy, dans lequel on tient toutes les nuits neuf cents
lampes ardentes ; car chaque arc a la sienne et même-

(1) *Opus laud*, page 146 verso et 147.

ment le rang de ceux qui traversent le milieu du chœur
du temple, qui en a cent cinquante, avec grands chan-
deliers de bronze, où pouvaient demeurer le nombre
de mille cinq cents lampes et ont été faits des cloches
que les rois de Fez prirent dans quelques temples des
Chrétiens. Dans ce temple, auprès des murailles, y a
des chaises de toute qualité, là où les maîtres et docteurs montent pour instruire le peuple en leur loi spi-
rituelle et temporelle. »

Ces chaises qui ont la forme d'un marchepied bas
et très large avec un dossier sont réservées aux professeurs du premier degré, c'est-à-dire ceux nommés
en raison de leur ancienneté et de leur savoir à la
classe la plus élevée; car ils sont divisés en quatre
classes, et les titulaires des trois autres ordres s'assoient à terre, sur des tapis, entourés de leurs disciples.
Ils ne jouissent pas non plus des mêmes avantages et
leur traitement est différent.

Les professeurs de première classe touchent par an
soixante *moudds* de blé dur qui représentent cent cinquante kherroubas, et une provision de *semën* « beurre
fondu » et de *khelia* « viande de mouton salée que l'on
fait revenir dans de l'huile bouillante et que l'on con-
serve dans de la graisse, » suffisante pour leurs besoins
et ceux de leur famille durant toute l'année. Il leur est
donné en plus un vêtement complet : burnous de drap
fin, caftan en drap également, gandoura en soie de
couleur, chachia, turban, ceinture en soie brochée or,
et une paire de pantoufles jaunes. Ceux de deuxième
classe reçoivent quarante moudds de blé, cent livres de
semën, autant de khelia et un habillement complet,
mais de moins belle qualité que celui de leurs collègues

de première classe. Aux titulaires de troisième classe
on remet trente moudds de blé, cinquante livres de
semën et cent livres de khelia, un habillement complet
qui diffère encore de celui des titulaires de deuxième
classe. Enfin, il n'est attribué que le blé, environ dix
moudds, aux professeurs de quatrième classe.

Ceci est le traitement fixe qui leur est payé pour
leur service à Qaraouïn ; mais ils reçoivent encore, sur
les fonds habous, des indemnités pour les emplois
supplémentaires auxquels ils sont parfois nommés,
comme ceux de khathib, de qadhi ou d'imam. Beaucoup font un cours dans l'une des mosquées de la
ville, en dehors du temps qui est pris par leurs leçons
à Qaraouïn.

Ils reçoivent parfois des présents des tholba ; mais
telle n'est point cependant la coutume pour les professeurs de Qaraouïn, dont le traitement suffit pour les
faire vivre. Par contre, les professeurs libres n'ont
comme ressources que ce qu'ils reçoivent de la géné-
rosité de leurs élèves. La rétribution mensuelle étant
très minime, les tholba leur viennent en aide de la
façon suivante. A la fête d'*El Achoura* autrement dite
« des bougies » chaque enfant apporte des bougies
pour illuminer pendant la nuit. Toutes ne sont pas
consommées, et le lendemain ce qu'il en reste est vendu
aux enchères par le *derrar* ; les parents et amis des
élèves s'empressent de les acheter bien au-dessus de
leur valeur.

Actuellement, la nomination des professeurs à une
chaire de Qaraouïn est une des prérogatives du Qadhi
de Fas. Il est seul juge des mérites d'un candidat et
de son aptitude à l'enseignement. Il s'éclaire sur la

valeur de celui-ci, auprès de ses maîtres s'il a étudié à
Fas, ou bien il consulte ses idjaza et les ouvrages dont
il peut être l'auteur s'il est inconnu dans la ville.

La voix publique, et surtout la recommandation des
titulaires de Qaraouïn sont d'un grand poids dans sa
décision. Autrefois, jusqu'au règne de Mouley Abd
Er Rahman (1822), il en était autrement. Les postulants
devaient subir un examen public devant maîtres et
élèves assemblés à Qaraouïn. Chaque professeur posait
au candidat diverses questions dans tous les ordres de
science. Le trouvaient-ils d'un jugement sûr et d'une
érudition jamais en défaut? Ils le déclaraient admissible,
et le Qadhi le nommait de quatrième classe. En était-il
différemment? C'est-à-dire, les résultats de l'examen
n'étaient pas favorables au thaleb : le Qadhi lui intimait
l'ordre de quitter immédiatement Qaraouin ; et le malheureux ne pouvait y revenir avant d'avoir pris sa revanche de cet échec. Il suivait le cours des autres
Mosquées et travaillait seul. Puis quand plusieurs années après sa fâcheuse aventure, le souvenir en était
effacé, et lorsqu'ayant acquis de nouvelles connaissances il se sentait de force à affronter de nouveau la terrible épreuve, Dieu faisait qu'il y réussit. Car un travail
opiniâtre vient à bout de tout; et ainsi que le dit Bou-
kari dans son *Sahih* : « La science ne s'acquiert que
par l'étude. » Un poète exprime ainsi la même idée :

$$\text{اطلب ولا تضجر من مطلب}$$
$$\text{بابة الطالب ان يضجر}$$

Athloub oua la tadhdjar min mathlabi
Fa affatou et thalibi an iadhdjara.

« Poursuis ton but sans jamais y renoncer.
« L'étudiant est perdu s'il se décourage. »

اما ترى الحبل بتكراره

فے الصخرة الصما قد اثر

Ama tara el ahbla bi tikrarihi.
Fi eç-çakhret eç-çemma qed atsara.

« Vois la corde du puits, par son frottement.

« Ne trace-t-elle pas un profond sillon dans la pierre la plus dure?

Ces euléma ne sont, paraît-il, rien moins qu'unis entre eux; et s'il faut en croire Sidi Khelil, qui, dans son précis de droit malekite (1) a posé ce principe étonnant : ولا عالم على مثله *oua la â'lima a'la mitslihi* « un savant n'est pas admis à témoigner contre un autre savant », un docteur musulman est toujours affligé d'un caractère envieux, et doublé d'une méchante âme, bien à l'encontre de chez nous où l'affabilité et l'indulgence accompagnent toujours le savoir. Cette jalousie haineuse, ils en font preuve surtout à l'égard des étrangers, et quand, par exemple, un Algérien arrive à Fas et cherche à s'y établir, il n'est pas d'avanies, ni de contrariétés de toutes sortes qu'ils ne lui suscitent.

A ce propos, je rapporterai, car elle est typique, une aventure arrivée au Cheikh Bou Ras. Elle n'est point forgée à plaisir, car la victime elle-même y a fait allusion dans son autobiographie (2).

_____

(1) Page 194 de l'édition de la Société Asiatique Paris, 1883.
(2) L'autobiographie du Cheikh Mohammed Abou Ras ben Nacer, ou en d'autres termes sa *rihala* « voyages » a pour titre :

❋ فتح الاله ومنته فے التحدث بفضل ربى ونعمته ❋

Fetahou elilahi oua minnatouhou fi et-tahdouts bi fedhli rebbi oua nia'matihi.

« L'assistance de la Divinité et sa bonté à mon égard, où je

Ayant formé le dessein de visiter Fas, d'y avoir des entrevues avec les savants et de leur bouche obtenir la consécration de son grand talent, Bou Ras quitta Mascara emportant avec lui un manuscrit de droit qu'il comptait offrir au sultan. Informés de son arrivée, les euléma en conçurent un vif dépit et résolurent d'entraver ses projets et de l'empêcher à tout prix de prendre pied parmi eux. Voici le stratagème qu'ils imaginèrent pour atteindre leur but. Ils louèrent dans la maison où était descendu Bou Ras la pièce contiguë à celle du savant algérien, et dans un angle obscur ils pratiquèrent une mince ouverture par où les deux pièces communi-

---

raconte les bienfaits et les grâces dont j'ai été comblé. » (Conf. Revue Africaine. Janvier-février 1887, p. 76, note par L. Guin.) »

Bou Ras l'a divisée en cinq chapitres. Dans le premier, il fait le récit de ses années d'enfance ; dans le deuxième, celui de ses études et des maîtres dont il a suivi les leçons. Il décrit, dans le troisième, ses voyages en Orient et à Fas. Dans le quatrième, il énumère les questions qui lui ont été adressées sur des points obscurs de droit et d'histoire, et les réponses qu'il y a faites. Le cinquième comprend la liste de ses ouvrages, au nombre de soixante-neuf, sur le Coran, le droit, la tradition, la pratique des jugements, la grammaire, la théologie, la lexicographie, l'histoire et la poésie. C'est dans ce chapitre que j'ai relevé l'indication de l'ouvrage qui fut la cause de sa mystification à Fas. Il porte un titre un peu différent, et je pense que Bou Ras l'aura refondu plus tard. Il est nommé :

‫* درة عقد الخواشى * على جيد شرحى الزرقانى والخراشى *‬

Dourret a'qdi el ahouâchi .·. a'la djidi cherahi Ez-Zerqâni oua El Kharachi.

« La perle du collier des gloses, qui pare les commentaires de « Zerqani et de Khârachi. »

Pourquoi ce dernier commentateur est-il appelé *El Kharachi* par Bou Ras ? tandis que son nom est *El Kherchi*. Sans doute

quaient entre elles. Le jour convenu pour la mise à
exécution du complot, ceux d'entre eux qui excellaient
à écrire très rapidement s'y réunirent, et dans le plus
profond silence, le roseau à la main, le cahier sur le
genou, ils attendirent que leur complice fut arrivé chez
Bou Ras. Ce dernier charmé de cette avance, et tout
aux attentions envers son hôte, ne s'aperçut pas que le
traitre faisait passer le précieux manuscrit dans la pièce
à côté. En moins d'une demi-heure, l'ouvrage entier fut
copié, chacun s'étant emparé d'un cahier différent. Le
livre repassa par le trou, fut remis en place, et Bou Ras
était joué. Il n'en fut pas quitte pour cela. Avant de le
rendre, un des complices eut la diabolique idée de sur-
charger quelques lettres du titre, et de lui donner ainsi
un sens injurieux, je dirai même, inconvenant. Le manuscrit était intitulé :

* يافوته الحواشى * ـىٔ ما ذهل عنه الخراشى *

Yaqoutet el Ahouachi fi ma dshâta a'nhou El Kharachi.

Le rubis des choses, sur les questions omises par
El Kharachi.

---

pour le *sedja* « rime « de *ahouachi*. Mais pour un jeu de mots on
ne saurait, même en arabe, défigurer un nom propre. En le faisant, Bou Ras n'allait-il pas de lui-même au-devant des railleries
de ses confrères marocains : Ceux-ci avaient la partie par trop
belle. Pour nous, il nous importe peu que Bou Ras ait été un
médiocre jurisconsulte, ce qui nous intéresse dans ses œuvres,
ce sont ses poésies et encore plus ses annales, qui ont une valeur
inappréciable pour une période dont il est presque le seul historien.

Né aux Beni Menïaren, entre Saïda et l'Oued Tar'ia, le 8 safar
1165, correspondant au 27 décembre 1751, Bou Ras est mort à
Mascara en Cha'ban 1238 (avril 1823). « Savant comme Bou Ras »
disent déjà les Arabes, sa réputation ne peut que grandir quand
ses ouvrages seront mieux connus.

Le misérable en fit :

* روثــه المواشى * ـيــ نَاطِينِ الخراشى *

Raoutset el maouâchi fi tellhikh El Kharachi.

« Les excréments des troupeaux qui souillent El Kharachi. »

Rentrés chez eux, nos compères réunirent les cahiers, et l'un deux lisant à haute voix, ils l'eurent bientôt appris par cœur en entier. Quand le lendemain Bou Ras vint les voir, ils amenèrent la conversation sur le fameux manuscrit, et manifestèrent le désir d'en avoir la primeur. Bou Ras ne se fit pas prier ; mais à peine a-t-il cité les premières lignes que des exclamations éclatent de tous côtés. Tout cela est connu ! a été redit cent fois ! Il n'est pas à Fas un étudiant de première année qui ne le sache par cœur. Et tous alors de réciter, sans en omettre une voyelle, la suite du texte, à la face de notre malheureux compatriote, abasourdi comme bien l'on pense. Il ne sait plus s'il dort ou s'il est éveillé. Désespéré, il jette un regard sur son livre, et ce qu'il lit à la première page lui donne le mot de l'énigme. Sans prononcer une parole il se lève, retourne chez lui ; et le soir même, il quittait la ville.

Un autre savant algérien, Si Mohammed ben Abd Alla El Medjaoui de Tlemcen, fut plus tenace, et il se moqua longtemps de tous les procédés perfides que l'on mit en œuvre pour le décider à partir. Pour en venir à bout les euléma de Fas n'eurent d'autres ressources que d'envoyer leur démission et de cesser tout service. El Medjaoui se retira à Tanger où il fut nommé Qadhi. Il n'est mort qu'en 1870.

A l'égard de leurs élèves, les professeurs sont loin de faire montre des mêmes sentiments d'animosité et d'aigreur; il est même surprenant de voir la part importante d'initiative qu'ils leur réservent dans leur enseignement. Ce sont les tholba qui désignent les ouvrages qu'ils veulent étudier, et jamais un professeur n'a d'objection à formuler contre leur choix. Telle est la pratique constante non seulement de l'Université de Fas, mais encore de toutes les écoles musulmanes au Maghreb). Cette condescendance des uléma va si loin qu'elle leur crée fréquemment des embarras; ainsi quand ils voyagent, ils sont sans cesse exposés à se voir retenus dans un endroit, parce que les tholba de la localité les sollicitent de leur enseigner un chapitre ou deux d'un ouvrage, bien heureux quand ils n'exigent pas l'ouvrage entier.

Il m'a été raconté qu'à Oudjda, les tholba sont aux aguets des allants et venants, et si parmi eux ils découvrent un cheikh, professeur algérien, qui se rend à Fas ou qui en vient, ils l'assaillent et le mettent à contribution de quelques leçons. Le Coran donne l'explication de cette coutume bizarre. Mohammed fait une loi à tous ceux qui sont dépositaires de la science, de la manifester et d'en faire participer les musulmans qui leur demandent de dissiper les ténèbres de leur ignorance. Voyez le verset 34 de la deuxième sourate, il est dit : « Qui est plus coupable que celui qui cache le témoignage dont Dieu l'a fait le dépositaire? »

On ne saurait avoir une idée plus exacte des méthodes scolastiques et de la façon dont se faisaient les cours publics dans nos Universités du moyen-âge qu'en assistant aux leçons d'un *Moudarriss* arabe. Le professeur est assis au milieu de ses élèves, à terre comme eux,

ou sur un siège du genre de ceux dont j'ai parlé plus
haut. Il débute par une prière qui se compose des invo-
cations *et-ta'ouïdsa* « je me refugie auprès de Dieu pour
chercher un abri contre Satan le lapidable. » *El bismilla* « au nom de Dieu clément, miséricordieux. »
Et-teçlia « que Dieu répande ses bénédictions sur
Mohammed ; » puis il donne la parole au « lecteur »
الـفـاري *el Qâri,* qui est un étudiant assis à côté de
lui, un peu en face. Celui-ci élève la voix et « lit très
rapidement » يسـرد *issred* « le texte » النصنيى *el-teçnif*
à expliquer. Le professeur « reprend le texte et le para-
phrase » يسبك الـمتن و يـفـرره *issbek el metna ou iqer-
rerhou,* cite les locutions et les explique les unes après
les autres. Il en fait l'analyse grammaticale et logique.
Il examine ensuite l'acception particulière des mots.
Sont-ils topiques ou non ? Rendent-ils fidèlement la
pensée de l'auteur ? Quelles sont les sources sur lesquelles il s'est appuyé ? Existe-t-il une variante de ce
texte ? Pourquoi s'arrêter de préférence à cette version
plutôt qu'à telle autre ? etc. Et il poursuit ses développements jusqu'à ce que la matière soit épuisée.

Il doit très bien connaître les divans des anciens
poètes pour pouvoir les citer avec fidélité, et fixer à
l'aide d'un vers le sens douteux d'un mot. Il ne saurait
non plus ignorer l'histoire où il puise les preuves les
plus concluantes des faits qu'il expose et qui, en lui
permettant de faire appel à l'autorité de docteurs infail-
libles, donne à sa parole une assurance qui lui ferait
défaut sans cette érudition :

﴾ لا معروف لـه بالـتـاريخ لا يوثق بعلمه ﴿

La ma'rifata lahou bet-tarikh, la ioutsaqou bi a'ilmihi.

« Il ne connaît pas l'histoire, disent les Arabes, sa science est pour nous sans valeur. »

Ces explications du texte terminées, l'étudiant passe aux « commentaires » الشروح *ec-cherouh,* aux « gloses » الحواشى *el ahouachi,* et enfin, aux « scholies » التعليفات *et-ta'liqat.* Le moudarris procède de nouveau comme il vient d'être raconté. Il analyse les auteurs en les opposant les uns aux autres approuvant leurs explications ou les critiquant, suivant le cas. Il a soin de parler très nettement, et assez lentement pour que les étudiants puissent prendre des notes.

Cette méthode est dite :

Qiraat el imla	فـراة الإمـلاء
Qiraat es-samâa'	فـراة السمـاع
Qiraat et-ta'lim	فـراة التعليم
Qiraat et-tafaqqouh	فـراة التـفقـه
Qiraat et-telqin	فـراة التـلـفـيـن

Car toutes ces expressions sont synonymes.

Pour compléter la nomenclature des expressions qui ont trait à l'enseignement scolastique arabe, j'ajouterai que par فـراة الـروايـتـ *qiraat er-riouâya,* on entend « la critique du texte, » l'étude des variantes ; et que dans le فـراة الدرايتـ *qiraat ed-dirâya,* on ne sépare pas l'explication des mots de la discussion du texte. La *riouaya* est insuffisante et sans portée, la *dirâya* seule satisfait un esprit supérieur :

 ٭ همـة العلمـاء الـدراية و همـة السبهـا الروايتـ ٭

Hematou el a'oulama ed-diraya oua hematou essoufhaa er-riouaya.

« Le souci des hommes instruits est de lire un texte et de le comprendre, celui des sots est d'en contempler l'aspect. »

Les premiers s'attachent à la valeur de l'écrivain, les seconds à celle de l'édition.

Le فراءة التمرين *qiraat et-temrin* sont les interrogations que le Moudarriss adresse à ses élèves pour s'assurer qu'ils ont compris ses explications, et qu'il n'est plus nécessaire d'insister davantage.

Enfin فرا على الشيخ فلان *qeraa a'la ec-cheikh foulan*, signifie, il a fait ses études sous la direction du cheikh un tel, روى عن *raoua a'n* a le même sens : « il tient ces doctrines de tel professeur » et فرا الفقه و النحو والتوحيد *qeraa el feqh ou en-nahou ou et-touahid* « il a étudié (m. à. m. il a lu) le droit, la grammaire et la théologie » comme on disait en scolastique « legit in philosophia, in grammatica, in theologia. »

Je ne sais si nos austères scolastiques Pierre d'Ailly, Gerson et Nicolas de Clemengis se départaient jamais de leur gravité doctorale, et consentaient à interrompre un instant leurs transcendantes considérations sur la logique d'Aristote, pour s'abandonner à quelques digressions moins abruptes et moins fastidieuses; mais c'est un procédé pédagogique dont les Moudarris Maghrebins savent tirer un grand parti. Ils ont compris que, pour ménager l'attention de leurs auditeurs, il fallait, dans une étude aussi ingrate, ouvrir des parenthèses et leur ménager des haltes réconfortantes. Donc, à un moment donné, le cheikh souriant interrompt la lecture, et fait fermer le livre. A ce signal que guettent les tholba, tous les Qelâms s'arrêtent et chacun est prêt à répondre de son mieux aux devinettes et charades que va lui adresser le professeur. On n'ignore pas combien les Arabes sont amateurs de ces jeux d'esprit et leur langue renferme nombre de particularités lexicographiques prêtant à l'équivoque et au double sens. Je pourrais citer tel professeur qui s'est fait une grande réputation d'habileté plutôt par sa gaîté, son esprit, que par la profondeur de son savoir. Ainsi le Cheikh Bou Ras, qui avait ouvert un cours de droit à Mascara, était adoré de ses élèves et regardé comme un pédagogue émérite, car il n'était pas de jour où il n'inventât quelque nouvelle histoire plaisante.

Toutes ces citations le Moudariss les fait de mémoire, et l'on sait que c'est la faculté maîtresse chez les Arabes. Jamais il ne consulte un livre : il faut dire toutefois qu'il prépare longuement ses cours. Sa bibliothèque — il serait plus exact de dire son coffre, car tous les volumes sont entassés pêle-mêle dans une caisse fermée à clef, à l'abri peut-être des voleurs, mais non des vers ni de l'humidité — contient les ouvrages indispensables pour son enseignement; et il ne cesse de les lire et relire, jusqu'à ce qu'il les sache par cœur.

A Fas, les professeurs de Qaraouïn ont à leur disposition la riche bibliothèque de cette mosquée; elle est spécialement affectée à leur usage. Un nadhir ou conservateur nommé par le Qadhi en a la garde. En dehors des professeurs, il ne prête les volumes qu'aux personnes ayant une situation officielle, ou présentant toute garantie. A aucun titre il ne peut les donner, ni les céder à prix d'argent, car ces livres sont habous, c'est-à-dire inaliénables et consacrés au service de l'enseignement public.

Quel en est le nombre? Il est très difficile de le

préciser. Cependant je crois être en mesure d'apporter à ce sujet quelques éléments nouveaux, qui infirmeront cette allégation par trop dédaigneuse d'Ali Bey El Abbassi « Dans une autre salle est une collection de vieux (*sic*) livres qui ont subi le même sort, et qui se trouvent dans le même état que les instruments astronomiques (1) » A la page précédente cet auteur n'écrivait-il pas : « Les desservants ont trois mauvaises pendules dans la tour, pour régler les heures des prières. » Or, M. Erckmann me dit ceci : « On voit entre autres à Qaraouïn une chambre remplie d'une multitude de pendules pour le calcul des heures. »

Monsieur René Basset a publié, il y a cinq ans, dans le Bulletin de l'école supérieure des Lettres d'Alger (2) la liste des manuscrits de deux bibliothèques de Fas, qu'on lui a dit être celles des mosquées de Qaraouïn et de Ricif. Elle ne comprend que deux cent quarante numéros; mais mon savant collègue reconnait lui-même que ce document est tout au moins incomplet.

Seuls le qadhi de Fas et le nadhir ont l'entrée libre et la surveillance de la bibliothèque, seuls ils savent le nombre exact des volumes et leur nature. M. Edriss ben Tsabet qui a pu, grâce à ses relations et surtout à son intimité avec le qadhi, y pénétrer plusieurs fois et emprunter des ouvrages, m'a affirmé que Qaraouïn renfermait encore trente mille volumes. Parmi ceux-ci découvrira-t-on les livres perdus de Tite Live qu'Ali Bey prétend avoir cherchés, ainsi que d'autres manuscrits en langue étrangère ? Je ne saurais le dire, mais

---

(1) *Opus laud.*, page, 117.
(2) *Les manuscrits arabes de deux bibliothèques de Fas* Bulletin de correspondance africaine. Année 1883. Alger, Fontana.

comme bibliographie arabe elle est très étendue, puisqu'elle renferme, d'après mon correspondant, tous les
ouvrages parus depuis la fondation de la ville.

Non seulement elle s'est enrichie des livres offerts par
les auteurs aux souverains de Fas, mais elle doit comprendre une section importante d'écrivains andalous,
car les Maures en quittant l'Espagne ont recueilli la
plupart des manuscrits qui n'avaient pas été détruits
par leurs vainqueurs ; or, Fas donna asile à une colonie
nombreuse d'émigrés. Les conquérants africains qui, à
plusieurs reprises, passèrent le détroit et guerroyèrent
en Andalousie en revinrent souvent chargés de prises,
et les manuscrits ont toujours été regardés comme un
butin très précieux. C'est ainsi qu'en 584-1285 l'émir
Abou Youssef fils d'Abd-El-Haqq le Mérinide ayant
réduit à merci le roi de Séville, lui imposa la condition
de lui remettre tous les manuscrits arabes que les Juifs
et les Chrétiens pouvaient détenir. Il y en eut treize
charges de mulets que ce prince fit transporter à Fas (1).

Cette bibliothèque aurait eu son comte Libri. Un de
nos consuls, peut-être M. de Castillon, était parvenu
à soustraire quatre mille manuscrits, et déjà ils étaient
en Espagne, quand le gouvernement marocain en fut
informé et exigea que les livres lui fussent rendus (2).

Godard (3) rapporte qu'en 1760 le sultan Sidi Mohammed fit distribuer aux Qadhis de l'empire un grand
nombre d'ouvrages de cette bibliothèque, puis, que sauf
quelques livres de droit, tout le reste fut dispersé sous

_____

(1) *Qarthas,* page 525.

(2) Je ne puis attester l'exactitude de ce fait car, à vrai dire, je
ne l'ai trouvé mentionné que dans une variété anonyme d'un
journal local. *(Conf. Courrier d'Oran,* 15 janvier 1888).

(3) *Opus laud.,* page 242.

Mouley Sliman. Cet évènement est exagéré, et jamais la bibliothèque de Qaraouïn n'a été mise à sac de cette façon. Voici le fait qui aurait donné naissance à ce bruit. Sous le règne de Mouley Sliman (1792-1822) ou, son neveu Mouley Abd-Er-Rahman (1822-1839) étant sur le trône, on s'aperçut que des gouttières s'étaient déclarées dans la toiture, au-dessus des rayonnages, et que tout un lot d'ouvrages était envahi par la moisissure. On enleva ceux qui étaient piqués, et dont l'état donnait à craindre que s'ils restaient fermés ils ne fussent entièrement perdus.

On en référa au sultan pour savoir ce que l'on devait en faire. Celui-ci prescrivit de les distribuer aux savants capables de les utiliser. Mais il n'y eut pas plus d'un millier de volumes qui sortirent de la bibliothèque, et l'on voit quel fut le motif de cette mesure.

Quelques grandes familles de Fas illustrées par les docteurs qui ont tenu très haut le flambeau de la science dans la capitale de l'Occident, les Oulad ben Souda et les Oulad Sidi Abd-el-Qader El Fassi entre autres, dont les noms reviennent sans cesse dans les annales littéraires de cette ville, possèdent de magnifiques bibliothèques. Ainsi lorsque le père de l'ancien Qadhi de Fas Mouley Edriss ben Mouley Abd El Hâdi mourut, ses enfants pour se partager sa succession durent procéder à l'inventaire de sa bibliothèque. Les experts l'évaluèrent à sept cent mille mitsqâls, soit deux cent cinquante-neuf mille francs de notre monnaie; les actes authentiques de la succession en font foi. Et encore, m'a-t-il été affirmé, si les héritiers avaient consenti à les vendre, à les faire crier aux enchères, les offres auraient de beaucoup dépassé ce chiffre.

On peut conclure de là que si Dieu veut que la France
fasse sentir son influence au Maroc comme à Tunis et
à Kairouan, Fas nous réserve de grandes surprises
bibliographiques.

En Algérie, pays occupé par les infidèles, les Arabes
dissimulent leurs livres et égarent de leur mieux nos
recherches (1), à aucun prix ils ne consentent à s'en
dessaisir ; tout au plus obtenons-nous de les consulter.
A Fas, ils n'ont point les mêmes motifs de méfiance,
les livres sont moins rares, et l'on peut en acheter, les
Indigènes s'entend. Tous les vendredis à Qaraouïn, on
vend à l'encan des ouvrages arabes provenant de succession, de vente forcée ou volontaire. Des *dellalïn*
« courtiers », spécialement préposés à cet office, atten-
dent les clients dans une petite cour située derrière le
mihrab, entre les deux portes dites « des funérailles »
babeï el djanâïz. Aussitôt la prière du milieu de la journée terminée, en quittant la Mosquée, les amateurs se
rendent à la vente, et s'assoient à terre, tout autour du
petit espace au centre duquel se tiennent les dellalïn.
Ces derniers élèvent un volume entre leurs mains, et
demandent *bâb Alla* « la porte de Dieu », c'est-à-dire
une mise. Une personne répond, le crieur répète l'offre,
et fait circuler le volume entre les rangs des assistants
en recueillant les enchères dans sa promenade. Le volume est adjugé au plus offrant, et la vente se poursuit de
la sorte jusqu'à la prière d'*El Açeur*. Un délai de trois
jours est stipulé, tant au profit de l'acquéreur que du
vendeur, pour attaquer la vente si l'un d'eux a des mo-

---

(1) Conf. *Chronique d'Abou Zakaria*, traduite par Emile
Masqueray, in-12, Alger 1879. Introduction, page 23.

tifs de résiliation à faire valoir : erreur sur la nature de
l'ouvrage, lacune dans le texte, etc. « C'est, dit Clénards
qui avait assisté à cet encan, une marchandise toujours
chère, enlevée aussitôt par tout le monde à grand
prix (1). » On se souvient qu'en France, à l'époque qui
correspond précisément à cet état des lettres, sous
Louis XI et après ce roi, les manuscrits atteignirent des
prix fous.

On me fera peut-être cette remarque : « Pourquoi ne
profitez-vous pas de cette occasion, et n'achetez-vous pas
des manuscrits, sinon vous-même, du moins par l'inter-
médiaire d'Arabes dévoués ? » Pourquoi ? Parce que j'ai
la certitude de ne jamais voir mon manuscrit. J'ai parfois supposé que les livres arabes avaient en quelque
sorte le pressentiment qu'ils allaient tomber entre les
mains d'un kâfeur. Or il n'est pas au monde de sort
qu'ils ne préfèrent à cette terrible extrémité. Aussi, ne
prend-il qu'avec regret la route de nos frontières ; et les
expédients qu'il invente pour se dérober, et faire perdre
sa trace tiennent du prodige. Tellement, que pour peu
que vous soyez atteint d'une pointe de méfiance, vous
vous imaginerez que votre messager a été de connivence.
Votre trésor se laissera enfouir au plus profond d'un
tellis, sous des monceaux de laine ou de marchandises
plus viles peut-être ; puis, au terme du voyage disparaîtra au milieu du désordre du débarquement. Ou encore, à une étape, s'étant trouvé sur les genoux d'un
fekih à la foi ardente et qui ne connaît pas de compromis
avec les Infidèles, il gagnera subrepticement un coin
obscur de la tente, où il attendra patiemment que la

_____

(1) *Relation d'un voyageur chrétien*, page 16.

caravane se soit éloignée, pour de là, aller se reposer
sans crainte aucune dans le coffre de ce bon apôtre.
Jamais, vous dis-je, vous ne tirerez l'affaire au clair, et
n'aurez la satisfaction, bien platonique il est vrai, de
savoir comment et par qui vous avez été dupé.

Ceci a trait surtout aux manuscrits, car les livres im-
primés, ou plutôt autographiés au Maroc, nous parvien-
nent en Algérie ; mais encore dans une certaine pro-
portion. Ce sont généralement des livres de jurisprudence ; cependant, ces dernières années, on a édité des
histoires et quelques divans de poésie. L'exécution typo-
graphique laisse beaucoup à désirer ; le report sur la
pierre est mal fait, l'encre est pâteuse et ne sèche pas,
le papier est grossier, de dernière qualité. Encre et papier de provenance anglaise, sans aucun doute. Cette
presse fut installée à Fas, sur l'ordre de Mouley Sidi Mohammed ben Mouley Abd Er-Rahman, le père du sultan
régnant. Au début, on autographia aux frais du trésor
public les ouvrages de jurisprudence et les pièces admi-
nistratives que réclamaient les fonctionnaires ; puis on
la céda à des négociants qui aujourd'hui impriment à
leurs risques et périls, dans un but commercial. Sans
parler des bénéfices que pourrait réaliser cette imprime-
rie dirigée par des typographes capables, les services
qu'elle rendrait pour l'instruction des populations maro-
caines seraient inappréciables ; elle serait le moyen le
plus puissant de civilisation et de moralisation, dans un
pays où les livres sont si recherchés.

Les étudiants dont les ressources sont très restreintes
ne peuvent guère acheter de livres. Ils copient ceux
dont ils ont besoin pour suivre leurs cours sur un

exemplaire qui leur est prêté le plus souvent par leur professeur, et dont ils se partagent et repassent successivement les cahiers, jusqu'à ce qu'ils possèdent l'ouvrage entier. Ce travail peut paraître à première vue aussi long que fastidieux, il n'en est rien : un in-octavo de 350 à 400 pages est recopié en moins de huit jours. En revanche, n'exigez ni la correction du texte, ni l'élégance de l'écriture. Dans le Maghreb, il n'est pas donné à tout le monde de voir, en sa vie, un manuscrit arabe très lisible et sans fautes. Quant aux notes de cours, ce que j'ai appelé plus haut *el imla* الإملاء, au pluriel *el amali* الأمالي, eux seuls peuvent se relire, et encore cela ne leur est-il pas toujours possible (1).

Il n'y a pas d'époque déterminée pour la venue des tholba à Fas ; néanmoins, à la fin de l'automne, ils y affluent en plus grand nombre, car tous sont cultivateurs et à ce moment les travaux des champs sont en partie terminés ; le *khemmas* et le *fellah* ont réglé leurs comptes, le grain est vendu ou dans le silo. Le jeune étudiant a donc quelques avances pour entreprendre son voyage, et pour les frais de son installation à Fas. On nomme ces tholba de l'extérieur المسافرين *El Messâferin*, régulièrement الإفاقيون *El Afaqiouna*. Ils sont environ huit cents à fréquenter les cours de Qaraouïn ; et si on ajoute ceux qui moins avancés font leurs études dans d'autres mosquées, on arrive au chiffre d'un millier. Il est plus difficile d'évaluer celui des étudiants de la

(1) Conf. O. Houdas. *Essai sur l'écriture maghrebine*, page 89, des *Mélanges Orientaux* publiés par les professeurs de l'Ecole spéciale des Langues Orientales vivantes à l'occasion du Congrès de Vienne. In-8°. Paris, 1886.

ville même, que l'on nomme المـزافـديـة *El Mezaguedia,*
car ils ne logent pas tous dans les mederças. Mais
si l'on considère que dans les cours publics ils sont en
nombre égal ou même un peu davantage que les *Messaferïn,* on en déduira qu'ils sont de mille à douze cents.

Ce chiffre serait plutôt inférieur à la réalité : dans cette
ville où le goût des études est très vif, tous les jeunes
gens sont instruits. Ceux qu'un métier retient chez eux
pendant la journée, suivent les cours du soir, et consacrent leurs instants de loisir à les préparer. Et, lorsque
les parents remarquent chez un de leurs enfants une
aptitude particulière pour les lettres, ils n'hésitent pas à
lui faire mettre de côté toute occupation absorbante, et
lui laissent la liberté d'étudier à son aise.

Le stage des tholba à Fas est variable, rarement il est
inférieur à cinq ans ; les étudiants de cinq à dix ans
sont en majorité, et ceux qui ont quinze et même vingt
ans de présence, ne sont point rares. Ibn Khaldoun
prétend que la durée des études est en moyenne de seize
années et que cinq ans est le chiffre minimum : « On
« suppose, dit-il, qu'il faut au moins cinq années avant
« que l'élève puisse acquérir la faculté scientifique qui
« est l'objet de ses souhaits, ou reconnaître qu'il doit
« renoncer à l'espoir d'y parvenir (1). »

Un poète indique à l'étudiant les conditions sur lesquelles il peut fonder bon espoir : « La science ne se li-
vrera à vous, que si vous avez : 1° L'intelligence, 2° Le
goût pour l'étude, 3° Assez peu de fortune pour ne pas
y songer, 4° Un bon maître, 5° Si vous vous exilez, et

_____

(1) *Prolégomènes.* Vol. II, page 444.

6° Si vous ne comptez pas votre temps. Ibn Khaldoun
conseille également aux tholba de sortir de leur pays :
« On ne saurait se dispenser, écrit-il, d'entreprendre
« des voyages si l'on veut acquérir des connaissances
« et s'y perfectionner ; pour bien s'instruire, il faut aller
« voir les grands professeurs, et s'entretenir avec les
« hommes les plus distingués dans chaque branche de
« science (1). »

Quatorze mederças ou collèges qui ont été fondées à
différentes époques par la munificence des rois de Fas,
et par des particuliers dans une pieuse intention, sont
ouvertes, en principe aux tholba *messaferïn*, mais dans
la réalité l'on n'est pas aussi absolu, et les *mezaguedia*
y sont également admis. Autrefois, aucune condition
n'était imposée pour cela ; c'est-à-dire quand un étudiant quittait Fas, sa chambre était prise par le premier
qui se présentait, et à son tour, celui-ci la conservait
jusqu'à son départ. Cette coutume donna lieu à des
abus ; car l'on comprend que ce n'est pas pour des
jeunes gens agiles et vigoureux un droit bien déterminé
que celui du premier occupant. A la porte de chaque
chambre laissée libre, il y avait des disputes, voire
même de vraies batailles. On y coupa court en décidant
qu'à l'avenir tout étudiant achèterait sa chambre argent
comptant, et qu'il la revendrait à son départ, comme il
l'entendrait et à qui il voudrait.

Ces mederças portent le nom des quartiers où elles
sont situées, ou celui des corps d'artisans qui ont par-

---

(1) *Prolégomènes.* Vol. III, page 294.

ticipé à leur fondation, et dont les largesses viennent
en aide aux tholba qui y résident. Ce sont :

La mederça des fabricants des lampes,
　Mederçat-El-Meçbahiya　　　مدرسة الصباحية

La mederça des droguistes,
　Mederçat-El-A'ttharïn　　　مدرسة العطارين

La mederça des fabricants de galons,
　Mederçat Ec-Cherrathïn　　مدرسة الشراطين

La mederça des chaudronniers,
　Mederçat-Ec-Ceffarïn　　　مدرسة الصبارين

La mederça Bab-el-Guissa (nom de l'une des portes
　　de la ville),
　Mederça Bab-El-Guissa　　مدرسة باب القيسة

La mederça des marchands de cire,
　Mederçat-Ec-Chemma'aïn　　مدرسة الشماعين

La mederça des fabricants de babouches,
　Mederçat-Ec-Cherablyïn　　مدرسة الشربليين

La mederça de l'Oued Fas,
　Mederçat-El-Oued　　　　مدرسة الوادى

La mederça de Fas-le-neuf
　Mederçat Fas Djedid　　　مدرسة فاس جديد

La mederça d'Abou-A'nän,
　Mederça Abi A'nän (1)　　مدرسة ابى عنان

La mederça du bassin,
　Mederçat Ec-Çaharidj　　مدرسة الصهريج

---

(1) Il existait anciennement, à Alger, une mederça de ce nom.
Elle fut englobée dans la construction de *Djama' Djedid* que nous
appelons « Mosquée de la Pêcherie. » (Conf. *Les édifices religieux
de l'ancien Alger*, par A. Devoulx, page 140).

La mederça de Mouley Abd-Allah,
  Mederça Mouley-Abd-Allah   مدرسة مولى عبد الله

Deux portent le nom de :

Mederça des Andalous,
  Mederçat-El-Andaless   مدرسة الاندلس

Dans les cinq premières, l'on n'admet, sauf quelques rares exceptions, que les *messaferïn*. A Ec-Cherrathïn sont les tholba de l'Est, les Algériens, et ceux originaires de Taza, du Tafilet et du djebel Mouley Abd Es-Selam ben Mechich. Elle passe pour être la plus confortable, et les Algériens qui ont pris des habitudes de luxe, à notre contact je le suppose, pour rien au monde ne voudraient loger ailleurs. El A'tthârïn est un collège aristocratique, ses pensionnaires sont presque tous fils de fonctionnaires, notamment de Rebat et de Maroc. Les Djebbala, les Benou Hassen, les Chaouïa et les Doukkala logent à El Meçbahiya. Ec-Ceffârïn et Bab el Guissa ont également leur clientèle. Cette répartition des tholba entre les différentes mederças, d'après leur origine, correspond aux huit collèges de l'ancienne Université de Paris, où les étudiants se groupaient par pays et provinces : Nations de France, Nations d'Allemagne, de Picardie, de Normandie, etc.

Des revenus fixes et provenant de biens habous alimentent les cinq mederças où logent les messaferïn. On paie sur cet argent le traitement du *mouqaddem* qui a la charge de la surveillance et de l'entretien de l'immeuble, les nattes, les bougies, l'huile pour les lampes, etc. Le surplus sert à acheter des pains que l'on distribue aux tholba titulaires des chambres. Le nombre en est toujours le même, quel que soit celui des tholba présents ; car il arrive fréquemment que, lorsque toutes les chambres sont louées, l'on autorise des étudiants à partager le couvert avec un de leurs camarades qui veut bien y consentir. Il est même assez rare qu'un étudiant soit seul. Cette distribution est faite par les soins du mouqaddem qui, s'il juge qu'un thaleb par sa conduite irrégulière a cessé de mériter cette faveur, peut lui retirer son pain, et en faire profiter un plus digne que lui. Aux trois grandes fêtes de l'Aïd Es-Ser'ir, de l'Aïd el Kébir et du Mouloud, le sultan envoie un présent en argent aux tholba qui se le partagent entre eux.

Dans les autres mederças occupées par les étudiants pauvres de Fas et les messaferïn qui n'ont pu trouver place dans les cinq collèges qui leur sont affectés, il n'est fait aucune distribution de pain ; elles doivent se suffire à elles-mêmes. Cependant, elles ne sont pas entièrement délaissées, car les gens de Fas veillent à leur entretien, et fournissent aux tholba le strict nécessaire. Les uns donnent du pain, les autres de la viande. Aux grandes fêtes, les corps de métier envoient du drap pour les habits, des chaussures, etc. Certains tholba ont même une pension complète chez un habitant qui pourvoit à tous leurs besoins. A Fas, il y a beaucoup de familles où cette tradition est très ancienne : on a toujours fait les frais de l'éducation d'un étudiant pauvre, et jamais on ne voudrait faillir à ce vœu. Quand le bénéficiaire quitte la mederça, il conduit son remplaçant chez ceux qui l'ont nourri, et il fait agréer son camarade. Rien n'est changé : celui-ci devient à partir de ce jour l'enfant de la maison. Jamais il n'entendra dire qu'il est à charge à ceux qui l'ont adopté ; bien au contraire, on

considérera ce devoir comme une grande grâce que
Dieu a réservée à cette famille, comme une preuve qu'il
l'a jugée assez noble, assez vertueuse, pour donner
asile à l'un des siens. Aussi chacun a-t-il à cœur de lui
montrer ses préférences, de lui témoigner de l'intérêt
en le défrayant de toutes ses dépenses, et en le com-
blant de cadeaux à l'occasion des fêtes. On ne s'inquiète
même pas de savoir quel est l'objet de ses études, s'il
est grammairien, çoufite ou théologien ; on craindrait,
en l'interrogeant, de mettre une condition quelconque à
cette hospitalité qui est, sans contredit, la plus belle
qualité de la race arabe. Puis, Dieu peut avoir disposé
en faveur de l'une de ses créatures d'une faculté particulière pour telle science, l'étudiant doit suivre son
penchant, et s'y adonner à l'exclusion de toute autre
vers laquelle il ne se sent pas attiré. N'est-ce point un
sentiment qui mérite notre estime, que cette affection
et cette sympathie dont on entoure celui qui s'est con-
sacré à la poursuite d'un but tout spéculatif : la science.

Tous les tholba messaferïn et mezaguedia, à quelque
mederça qu'ils appartiennent, se réunissent dans les
premiers jours du printemps pour célébrer leur grande
fête annuelle dite : *Nouzhaat-et-Tholba* نزهة الطلبة
On a lu plus haut des détails sur cette sorte de satur-
nales qui répond sans doute à ce besoin que ressent
l'âme humaine de se plonger de temps à autre dans
une orgie de gaîté et d'oubli, et de se divertir des anti-
thèses les plus grotesques, en s'offrant pendant quelques jours le spectacle du monde renversé. A Fas, les
étudiants s'amusent à habiller l'un d'eux en sultan,
commandeur des croyants, et à le faire chevaucher dans
les rues de la capitale du Maghreb entouré de ses

chambellans et de ses gardes, le noble parasol se ba-
lançant au-dessus de son front, et l'étrier tendu vers
les baisers de la foule.

Dans cette étude sur les mœurs écolières de Fas, les
rapprochements avec notre Moyen-âge se présentent à
chaque page, et le *Nozhaat-el-Tholba* rappelle au souvenir la fameuse fête des fous ou de l'âne, que l'on ne
put faire disparaître qu'au commencement du seizième
siècle. Fête chère aux clercs des maîtrises des cathé-
drales qui, pendant ce qu'on appelait « la liberté de décembre », pouvaient donner carrière à leur débordante
envie de se divertir. Ils n'avaient naturellement d'autre
désir que de parodier dans la plus bouffonne mascarade
les cérémonies religieuses auxquelles ils étaient assujettis. On les voyait le jour de la Fête des Innocents se
rendre en grande pompe à l'église et procéder à l'élec-
tion d'un évêque. On le revêtait des ornements épisco-
paux ; et coiffé de la mître, armé de la crosse, il était
traîné dans toutes les rues de la ville, au milieu de ses
camarades hurlant des hymnes burlesques, dont le re-
frain était un braîment d'âne et des cris d'animaux.

Pour se livrer à leur aise, à leurs ébats, les tholba
ne restent pas en ville ; ils vont camper sur les bords
de l'Oued Fas, dans un vaste espace laissé libre par la
baisse des eaux. On a vu comment ils se procuraient
l'argent nécessaire pour acheter victuailles et provisions
de toutes sortes, et avec le surplus se constituer un petit pécule. Pendant une huitaine, la ville est mise par
eux en coupe réglée. Le sultan des tholba escorté de
ses gardes d'honneur, montés qui sur des chevaux, qui
sur des ânes ou simplement à pied, se rend à Fas pour
faire rentrer ce qu'il appelle ses impôts. Il se dirige

vers le quartier marchand la *Qissaria*, et tandis que ses camarades quêtent sans pudeur à chaque porte, il avise un négociant, et l'interpellant, le somme de lui montrer ses mesures et ses marchandises. Au premier coup d'œil, il déclare que les marchandises sont avariées et malsaines, et que les mesures sont fausses, archi-fausses. « Il est indigne, s'écrie-t-il, de voler son peuple sur la qualité et la quantité. » Incontinent, il ordonne au négociant de lui payer une amende. Tout le monde rit de la bonne plaisanterie, et la même scène comique se renouvelle un peu plus loin. Le soir venu, toute la bande joyeuse regagne le camp, et l'on peut croire que durant toute la nuit on entend un beau sabbat. La fête se termine par la visite du sultan, le vrai, qui apporte à son tour un présent magnifique aux tholba, et accorde à leur roi la faveur que celui-ci a toujours à lui demander.

Quelle est l'origine de cette fête ? D'après la tradition, elle fut instituée par Mouley Rechid, en récompense du concours que lui prêtèrent les tholba lorsqu'il marcha contre son frère, Mouley Mohammed Ec-Cherif, pour perpétuer la mémoire d'un haut fait d'armes où ils s'illustrèrent au début de cette campagne. Voici comment l'événement est raconté par le cheikh El Hadj El Arbi El Mecherfi dans son commentaire sur la *Che-maqmaqia* (1) : « Quand Mouley Rechid frère du sultan « Mouley Ismaël ben Ali quitta les déserts du Sahara

---

(1) La *Chemaqmaqia* est une Qacida qu'un marocain, Benou El Ouennän, surnommé *Ec-Chemaqmaq*, composa en l'honneur de Mouley Sidi Mohammed, le père du sultan actuel. Ce prince émerveillé de son talent le compara un jour à un ancien poète أبو الشمقمق مروان بن محمد *Abou Ec-Chemaqmaq Merouän ben*

« et prit la route de Taza (130 kilom. E. de Fas) [1],
« il fut accueilli par un personnage puissant qui lui
« témoigna la plus grande déférence, en raison de sa
« qualité de descendant du Prophète et le combla de
« marques de respect. Or, un jour, Mouley Rechid
« rencontra un homme entouré de nombreux cavaliers,
« de gardes et d'esclaves, qui chassait sur les terres
« avoisinant la demeure de son hôte. Il interrogea ce
« dernier qui lui apprit que cet homme que l'on eût dit

Mohammed; le surnom lui fut conservé. Je serais tenté de
supposer que c'est la seule similitude de son : « Benou Ouennan,
Merouän » qui a suscité ce rapprochement dans l'esprit du sultan,
car ce poète est presque inconnu. Toutes les recherches que j'ai
faites pour établir son identité n'ont abouti qu'à le trouver cité
dans le Qâmous (vol. III, page 289). Mon ami, M. René Basset,
que j'ai consulté à ce sujet, m'a répondu l'avoir vu mentionné,
sans autre indication, dans le خزانة الادب *Khezânat-el-Adeb*
d'Abd-el-Qâder El Khafadji. (Édit. de Boulaq, 4 vol. in-4, 1299 de
l'hégire, tome III, page 53-54).
  Le كتاب الحيوان *Kitab El-Ahiouân* d'El-Djâhidz (ms. 1433 de
la bibliothèque de Vienne), contient quelques vers de cet auteur
sur l'intelligence de l'éléphant. Enfin dans Hommel, *Die Namen
der Saügthiere bie der Sudsemitischen Völkern*, etc., Leipzig 1879,
in-8, page 327, Abou Chemaqmaq est rangé parmi les poètes posté-
rieurs à l'Islamisme.
  L'auteur de la *Chemaqmaqia* est vivant, et il m'a été raconté
qu'ayant encouru la colère d'un ministre de Mouley Hassen, il a
dû chercher un refuge dans la mosquée de Mouley Edriss, asile
inviolable de tous ceux qui ont quelque pécadille sur la conscience.
Il avait écrit, parait-il, une qacida satirique où ce haut personnage
était fort malmené. L'épigramme represente chez les Arabes la
presse d'opposition gouvernementale. C'est entre leurs mains une
arme redoutable, car mieux que tout autre, ils saisissent les
ridicules d'une personne, et excellent à les peindre en traits
mordants. Les vers volent de bouche en bouche, et sont bientôt
sus de tout le monde.
  (1) Conf. La carte de M. le vicomte Charles de Foucauld,
Itinéraires au Maroc. Bulletin de la Société de Géographie
(1ᵉʳ trimestre 1887).

« un roi était juif, et se nommait Ben Mechâl. Il s'était
« construit une forteresse qui lui servait de refuge, et
« où il entassait ses trésors. Le Chérif forma le dessein
« de le combattre, et son hôte lui recruta cinq cents
« partisans dont la plupart étaient des tholba. Mouley
« Rechid attaqua Ben Mechâl, enleva d'assaut la forte-
« resse, et fit main basse sur ses trésors. Voulant re-
« connaître les services que les tholba lui avaient ren-
« dus en cette circonstance, Mouley Rechid décida
« qu'une fête en perpétuerait le souvenir. Cette fête se
« célèbre encore de nos jours sous le gouvernement des
« Chérifs Alides (1). »

Abou-l-Qâsem ben Ahmed Ez-Zeïani fait le récit de
cette expédition, mais il omet de parler de la part qu'y
prirent les tholba. « Il (Mouley Rechid) attaqua, dit-il,
« la maison d'Ibn-Mechâal (à Dâr Cheikh Chaoui sur
« un des affluents de la rive droite de la Molouïa),
« chez les Beni Yznâsen et, ayant fait mettre à mort ce
« personnage, il s'empara de ses troupeaux et de tous
« ses biens. » Cet auteur fixe la date de 1075 = 1664-65
à cet évènement (2).

Cette fête est indépendante des vacances réglemen-
taires qui ont lieu pendant la suspension des cours publics de Qaraouïn, et dont il est parlé dans la traduction du manuscrit d'Harchaoui. Les tholba, on l'a vu,
ne restent pas complètement oisifs durant tout ce laps
de temps. Ils emploient ce répit à étudier les matières

---

(1) Je dois la communication de ce texte arabe à M. Ali ben
Abd-Er-Rahman, le savant et très affable mufti de la grande mosquée d'Oran.

(2) *Maroc de 1631 à 1812*, par O. Houdas, page 15.

qui ne sont jamais inscrites dans le programme de leurs cours. Leurs vacances proprement dites ne sont ni longues, ni nombreuses : elles correspondent aux quatre fêtes de l'année musulmane. A l'*Aïd Es-Ser'ir* qui clôt le ramadhan, ils prennent quinze jours de repos, à l'*Aïd el Kebir* le 12 de Dsou el Hadja, quinze jours également, à *El Achoura* 10 de Moharrem, trois jours, et enfin à la *fête du Prophète* le 10 de Rebia el Ouel, vingt-cinq jours ; en tout, moins de deux mois par an. A cela il faut ajouter le mardi de chaque semaine.

Cette coutume de vaquer le mardi et aux quatre fêtes précitées date, à ce que prétendent les tholba, du Kalifat d'Omar le deuxième successeur de Mohammed. Aussi ne prononcent-ils son nom qu'avec attendrissement, et il serait possible, que la grande popularité de ce saint dans tous les pays musulmans remontât à ces premières années d'école, où l'étudiant se prend à aimer et bénir celui de qui il tient ces quelques jours de repos. Voici la légende :

« Au retour d'une expédition, le kalife Omar procédait au partage du butin entre ses soldats et les habitants de la ville. Enfermés chez eux, et absorbés par l'étude, les tholba n'apprirent cette bonne fortune que lorsqu'il était trop tard. Ils coururent bien au camp, mais tout avait été distribué. Touché de leur désespoir, Omar leur dit : « Conlez-vous, je veux vous donner mieux que ces richesses d'un jour ; à l'avenir je vous autorise à vous reposer à telle et telle époque, pendant tant de jours. » Les étudiants se retirèrent ravis.

Quand un étudiant estime que son instruction est suffisante, ou que sans être un érudit, un *A'lem*, il a obte-

nu les résultats auxquels il pouvait prétendre, avant de
retourner dans sa tribu, il va prendre congé de ses professeurs et leur demande une *idjaza* اجازة ou diplôme
de licence. Ceux-ci sont seuls juges des droits de leur
élève à cette faveur ; mais ils refusent rarement de lui
délivrer ce titre, qu'ils peuvent toujours formuler comme
ils l'entendent, et d'après le degré d'instruction du
moudjaz المجاز « titulaire de l'idjaza ». Si celui-ci est
réellement capable, ils rédigent l'idjaza en style pom-
peux et hyperbolique. Dans le cas contraire, ils sont plus
sobres, et la restreignent aux seules matières que le titulaire possède suffisamment pour pouvoir les professer
à son tour.

Il m'a été confié un de ces titres écrit par Si Abd Er-
Rahman El Fassi, celui dont les ouvrages sont maintes
fois cités dans l'aperçu bibliographique qui précède. Il
confère l'idjaza à un certain nombre de disciples de son
père qui devinrent après la mort de celui-ci ses propres
élèves. Dans vingt-six pages de texte très serré, il passe
en revue chaque ordre de sciences : jurisprudence, dogmes, grammaire, çoufisme, etc., et il indique tous les ouvrages que les *moudjazïns* « licenciés », ont étudiés
dans chacune de ces branches. De son père comme premier échelon, il remonte de professeur en professeur,
jusqu'à l'auteur de l'ouvrage, de façon à bien établir
qu'en aucun point la chaîne de la transmission n'a été
interrompue, et que les docteurs qui en forment les an-
neaux offrent une garantie suffisante de fidélité et de certitude. Ce n'est pas tout. De cet auteur il repart à nouveau, et remonte jusqu'à celui qui le premier a formulé
les principes fondamentaux de cette science, et le premier en a fait l'objet d'un enseignement. Est-il question

par exemple, dans la section de grammaire, de l'*Alfiya*?
Il atteste qu'il en tenait la vraie tradition de son père,
qui l'avait reçue d'un tel, celui-ci d'un tel, et ainsi de
suite jusqu'à Benou Malik auteur du livre et qui était
lui-même le disciple d'un tel, celui-ci d'un tel, etc... Au
sommet se trouve Abou-l-Assoued, qui est l'inventeur
du *nahou* ou de la science grammaticale. C'est, en
somme, la base sur laquelle repose tout l'édifice scolastique : la transmission orale des doctrines et leur enseignement par la voie herméneutique. Ce document est
trop long pour prendre place dans cet ouvrage, mais il
sera intéressant pour mes lecteurs arabisants de connaître la formule la plus généralement adoptée pour les
idjaza de Fas. Elle m'a été communiquée par un thaleb
qui a terminé depuis peu ses études à Qaraouïn. En voici
le texte et la traduction :

الحمد لله وحده

الحمد لله الذي جعل مقام العالم اعلا مقام وبضل العلمآء
بافامة الدلائل (۱) ومعرفة الاحكام احمده على جزيل الانعام
و اشكره على مزيد الاكرام واشهد ان لا اله الا الله وحده
لا شريك له الملك العلام و اشهد ان سيدنا ونبينا ومولانا
محمدا عبده و رسوله افضل المخلوفين و امام كل امام
صلى الله عليه و على جميع الانبيا و المرسلين و الوم و اصحبهم
نجوم الدجا و مصابيح الظلام و بعد فلما ظهرت لنا

---

(1) J'ai été obligé de faire imprimer *ed-delaïl* synonyme de
ahoudjadj que porte le texte original, à cause de l'impossibilité de
composer ce mot avec la fonte dont on disposait.

نجـابه الفقيه الفـاضل الحبر البحـر الكامـل العلامـة النحرير.
ذى لاتفـان و التحـريـر سيد بـلان بكثرة ممارسته لفنون العلم
و هـى النحـو و الفقـه و المنطـق و البيـان و الاصـول و اللغـة
و الحسـاب دراية لهـا بـاختبـاره فيها عن مسـايـل عـديـدة ي
مجـالس التدريس كتابة و بهمـا و جوابه عن جيعهـا بـاجوبة
مبيـدة وافق فيهـا عيـن الحـق و الصواب و ربمـا اتـى ي
بعضهـا بالعجب العجاب بالله دره من عـالم جمع جـاوعى و سعى
ي تحصيل العلوم ولا خيب الله لـه مسعى وبسبب مـا ذكرنـا
و مـا عنـه اخبرنـا اذنـا لـه ي ي التدريس ي كـل فن من
الفنـون المذكـورة بـالله يطيل بقـاه لاحيـا العلوم ويجمع بـه
اشتـات الدفـايق و الفهـوم و ان يجعله قدوة لمـن افتـدى و
مرشدا لمـن اهتدى و ان يفتـح ابـه و لمـن حضر مجلسـه ي حل
المقبلات و توضيح المشـكلات انه على مـا يشا فديرو بالاجـابة
جديرو بتاريخ النخ عبيد ربه و اسير ذنبه فلان بن فلان

« Louange à Dieu unique.

« Louange à Dieu qui a assigné à l'homme instruit
« le rang le plus élevé, et qui a bien voulu confier aux
« savants l'arme du raisonnement et la connaissance
« des principes. Je le loue pour ses bienfaits sans
« nombre, je le bénis pour ses faveurs répétées ; et
« j'atteste qu'il n'y a pas d'autre Dieu que lui, qu'il n'a
« pas d'associé. Il est tout puissant, il connait tout.
« J'atteste que notre Seigneur, Prophète et maître,

« Mohammed, est son serviteur et son envoyé, qu'il est
« la plus noble des créatures, le guide de tout Iman.
« Que Dieu lui accorde sa bénédiction, ainsi qu'à tous
« ses prophètes, et envoyés, à leur famille, leurs
« compagnons, étoiles brillantes du firmament, foyers
« lumineux qui éclairent les ténèbres.

« Ayant apprécié la supériorité innée du juriscon-
« sulte, de l'éminent, du docte, de la mer de science,
« du savant émérite, de l'intelligent, doué d'un esprit
« subtil, et toujours en éveil, sid X. Considérant qu'il
« traite avec aisance toutes les questions de grammaire,
« de jurisprudence, de logique, de rhétorique, des
« dogmes, de lexicographie et de calcul ; qu'il en
« possède parfaitement et les formules et l'esprit, ainsi
« que nous avons pu nous en assurer en maintes
« circonstances, durant notre enseignement, soit qu'il
« nous ait présenté ses notes personnelles, soit qu'il
« ait discuté avec nous, nous faisant sans hésiter
« les réponses justes, trouvant dans chaque cas la
« solution la plus exacte, provoquant même par ses
« remarques notre étonnement et notre admiration.
« Quel savant distingué ! Lui qui a su enrichir son
« esprit et y serrer de précieuses connaissances. Étant
« témoin qu'il n'a cessé de lutter pour s'instruire
« et que Dieu n'a point déçu ses efforts :

« En conséquence, nous l'autorisons à professer les
« sciences que nous avons énumérées ci-dessus.

« Que Dieu lui accorde de longs jours pour la vivifi-
« cation des sciences. Qu'il lui permette de réunir dans
« son enseignement toutes les finesses du langage à la
« clarté de l'exposition. Qu'il en fasse un modèle pour
« ceux qui ont les yeux fixés sur lui, et un guide pour

« ceux qui marchent sur ses traces. Qu'il dénoue pour
« lui et tous ceux qui suivrons ses leçons, les énigmes
« les plus confuses. Qu'il éclaire toutes les questions
« obscures. Dieu peut tout ce qu'il veut. Il exaucera
« notre prière. »

Suivent la date et la signature.

***

Sans trop m'écarter de mon sujet j'ajouterai que dans
les autres villes du Maroc, l'enseignement supérieur est
représenté par des chaires, les unes attachées aux
grandes mosquées et rétribuées par le gouvernement, et
les autres libres, dont les titulaires sont entretenus par
les tholba eux-mêmes. Ainsi, dans la ville la plus
proche de notre frontière, à Oudjda, cet enseignement
a une certaine importance, puisque les cours de la
grande mosquée sont suivis par une quarantaine de
tholba. Des deux professeurs titulaires, l'un est de
première classe et occupe une chaire proprement dite,
c'est-à-dire, qu'il s'assied sur une chaise élevée, comme
celles dont j'ai fait la description et qui existe à
Qaraouïn ; et son collègue, de seconde classe, est
modestement accroupi sur une natte, entouré de ses
élèves. Ils reçoivent l'un et l'autre leurs provisions pour
l'année entière, عولة العام *a'oulat-el-a'am*. Mais n'ayant

pas comme leurs collègues de Fas des suppléments de traitement, provenant des emplois que ces derniers occupent dans l'administration de la justice et du culte, il leur est délégué, à titre d'indemnité, le revenu de quatre magasins situés sur le marché public, la Qissaria. A Oudjda, ainsi que dans la plupart des villes de l'ouest, le sultan est propriétaire d'un certain nombre de boutiques foraines, dont il perçoit directement les loyers, ou les délègue comme dans le cas présent à des fonctionnaires de son gouvernement. Ces deux euléma touchent de la sorte chacun vingt francs par mois.

Un autre cours public est ouvert à la mosquée de Sidi Oqba, mais le moudarris n'a pas de traitement de l'Etat, il est payé par ses élèves qui, à la fin de chaque ouvrage expliqué au cours, يزورو izourou, « déposent une offrande » entre les mains de leur maître, un franc ou deux chacun ; ce qui représente pour le pauvre magister le modique total de douze à quinze francs par mois.

A côté de la grande mosquée d'Oudjda, et séparée d'elle par une cour, se trouve la mederça qui comprend une dizaine de chambres appelées معمرات ma'mmerat. Cinq tholba et même davantage s'entassent dans chacune d'elles, et y vivent en commun. Ils reçoivent un pain par jour, et ce n'est pas souvent qu'ils peuvent y ajouter quelques douceurs. Heureusement, pour se remettre de ce maigre ordinaire, ils ont au moins une fois par an, une occasion qu'ils se gardent bien de laisser échapper.

Au printemps, quand dans les tribus les tentes regorgent de provisions de toutes sortes, laine, graisse fondue, viande séchée, etc., alors que les journées se font plus douces, les Indigènes, peut-être pour apporter

quelque diversion à la monotonie des champs, et s'a-
muser au spectacle d'une douzaine de jeunes gens affa-
més qui dévorent à belles dents tout ce qui leur est présenté, et mis en belle humeur les font rire avec leurs
gais propos et leurs plaisanteries saugrenues — mais,
je ne veux pas médire — à seule fin de se faire instruire
dans leurs devoirs religieux, les Indigènes, dis-je, écri-
vent au professeur de la grande mosquée et le prient
de se transporter chez eux avec ses auditeurs. Grande
joie parmi la gent écolière, et l'on répond avec empressement à cette invitation. Au jour dit, le moudarris
arrive dans la tribu, suivi de ses élèves, et il fait, en
grande pompe entouré de toute la tribu, sa leçon d'ouverture. Les tholba, de leur côté, jouent très sérieuse-
ment leur rôle.

Durant tout leur séjour, ils n'ont à se préoccuper ni
de leur logement, ni de leur nourriture ; les habitants y
pourvoient largement. On parcourt ainsi un ou plusieurs
chapitres d'un ouvrage de droit, habituellement Sidi
Khelil ou Benou Acem. Le Cheikh explique aux assistants les obligations de la prière, du jeûne, de la purification, etc., et tous les devoirs imposés à un musulman. Quand la fin du mois est proche, le Cheikh
annonce que lui et ses élèves vont quitter leurs hôtes et
il fixe le jour du départ. On fait alors dans chaque famille les apprêts de la fête qui doit couronner ces exer-
cices ; et l'on se dit au revoir dans les effusions d'une
bombance complète. Les plus aisés ne se contentent pas
d'apporter leur quote-part de provisions, ils y joignent
un cadeau en argent.

Cette coutume était encore usitée à Tlemcen durant
les premières années de notre occupation. Je ne sais si

elle a été empruntée aux usages de l'Université de Fas ;
mais, d'une façon générale, on peut dire que les traditions et les méthodes de Qaraouïn sont religieusement
observées dans tous les centres d'enseignement supérieur au Maghreb, et que cette grande école est pour les
musulmans de nos contrées le foyer de toute science, le
phare vers lequel tous les regards sont tournés.

*
* *

En résumé, l'Université de Fas avec ses chaires nombreuses, ses professeurs recrutés parmi ce que le
Maghreb a de plus illustre, et occupant le premier
rang dans la considération des populations musulmanes, comme dans la hiérarchie du gouvernement [1], sa
légion d'étudiants qui forment une corporation jalouse
et fière de ses prérogatives et de son indépendance, se
présente à nous comme une importante institution qui
méritait, je crois, d'être étudiée avec détails. Beaucoup
aussi penseront comme moi que c'est un spectacle cu-
rieusement original que celui de cette grande école où
l'on commente encore Aristote, et où l'autorité du Livre
est le but, comme le point de départ de toutes ces dis-
cussions verbales ; et qui bien que fermée à toute doc-
trine nouvelle et réparatrice, est aussi prospère à dix
siècles de sa fondation.

_____

(1) « Le titre de thaleb vaut mieux au Maroc que celui d'offi=
cier, comme en Chine celui de mandarin » E.

Cette étonnante vitalité, comment l'expliquer? Je l'attribuerai à deux causes principales : la première, à ce que l'on pourrait appeler son cosmopolisme, et la seconde à sa tradition historique.

Fas est le rendez-vous des tholba de nationalités les plus diverses, et qui n'ont entre eux que le lien de la même foi. Chaque race arrive avec ses aspirations, ses préjugés, son génie propre ; de là, un échange continuel d'idées, un contraste d'opinions et de sentiments singulièrement fécond et intéressant. Les peuples se complètent les uns par les autres ; et une Université qui est assez heureuse pour être le théâtre de ces débats et de ces controverses qui l'animent, possède le plus sûr moyen de se développer et de grandir. Une école qui ne se recrute que dans une seule région, où les mêmes influences littéraires se font sentir, est certainement moins bruyante, moins curieuse et partant moins séduisante pour des esprits avides de s'instruire. Elle s'étiole ; et Fas sans cette situation exceptionnelle n'aurait pas résisté aux coups du progrès, et à l'émiettement du temps.

Il semble également qu'à côté des ressources intellectuelles qu'une ville peut offrir, son passé scientifique, ses annales glorieuses entretiennent un courant incessant vers elle et sont un attrait puissant sur de jeunes imaginations. Or rien de tout cela ne manque à Fas : Mohammed a attaché au front de la capitale de l'occident une auréole brillante qui n'en disparaîtra qu'avec le dernier musulman du Maghreb.

Aussi n'est-il pas surprenant qu'en Algérie, surtout dans la province d'Oran dont les relations avec le Maroc sont très suivies, et où l'enseignement des sciences musulmanes a été peu à peu réduit à cinq chaires, dont trois à la mederça de Tlemcen, une à la grande mosquée d'Oran et une à celle de Mostaganem, pour une population de sept cent mille indigènes, les tholba qui disposent de quelques ressources et qui veulent faire des études complètes gagnent la frontière marocaine et aillent suivre les cours de la grande mosquée à Oudjda, ou de Qaraouïn à Fas.

Outre ce qu'il y a d'affligeant pour nous à voir des jeunes gens studieux, que nous aurions le plus grand intérêt à former par nos méthodes et à gagner à nos idées, obligés d'aller à l'étranger chercher une instruction qu'ils ne trouvent plus en Algérie, leur séjour prolongé à Fas est un danger réel pour notre établissement en Afrique.

On sait que lors de notre arrivée dans la province d'Oran, nombre de familles arabes se conformant à la lettre du Coran émigrèrent au Maroc pour fuir le contact des infidèles. Elles se réfugièrent en grande partie à Fas et y formèrent une colonie dite « des Algériens. » Nos tholba retrouvent donc là-bas parents et amis, et des plus fanatiques. N'ont-ils pas fait leurs preuves en abandonnant patrie et fortune plutôt que de fouler le même sol que les ennemis de leur foi ? Reçus à bras ouverts, choyés comme je le disais tout à l'heure, il ne peuvent moins faire que d'adopter les sentiments de ceux qui leur tiennent lieu de famille. Fas est également la capitale des associations religieuses, et le berceau du plus grand nombre. Il est peu de chefs d'ordre qui n'aient passé quelques années à Fas ; et toutes les confréries y sont représentées par des *Mouqaddems* et

des *Khouän*. Des avances sont faites au jeune thaleb ;
on entoure cette recrue, il a bientôt pris « la rose. »
Le voici affilié pour la vie ; et de ce jour nous comptons,
sinon un ennemi de plus, tout au moins un mystique
qui a des chefs en dehors de notre action.

Ayant terminé ses études, il revient au pays avec ses
idjaza, précédé du bruit de ses succès littéraires. Il est
alors dans le douar celui que l'on vient consulter dans
les cas difficiles. Et le hasard l'amène-t-il en présence
d'un de nos fonctionnaires, sorti de nos mederças dont
on a si habilement expurgé le programme, notre
représentant n'a qu'à se tenir coi, à éviter de son mieux
une escarmouche avec un adversaire aussi redoutable.
Il a raison, sa défaite ne servirait qu'à égayer ses admi-
nistrés, enchantés de le voir en si piteuse occurence ;
or par dessus ce qadhi les éclats rejaillissent jusqu'à nous.

Je n'entends point prétendre par là que les méthodes
indigènes soient meilleures que les nôtres, qu'ils ne
pourraient pas, en moins de temps, arriver à ce résultat,
mais encore fréquenter nos écoles et y apprendre notre
langue ; non, mais pour cela il faudrait obtenir de leur
part une réforme complète dans l'ordre de leurs études,
et déraciner un préjugé devant lequel des musulmans
eux-mêmes et de la plus haute intelligence ont dû
avouer leur impuissance. En un mot, il faudrait que les
Indigènes consentissent à ce que leurs enfants débutent
par l'étude de la langue et des sciences qui s'y rattachent
dont l'application est immédiate, puis qu'ils n'apprennent
le Coran que lorsqu'ils seraient à même de le comprendre. Ainsi, au lieu de perdre leurs plus précieuses
années à épeler des textes dont ils n'entendent pas un
mot, ils n'y consacreraient pas six mois.

Ibn Khaldoun dans ses prolégomènes (1) essaie de
démontrer à ses coreligionnaires combien cette voie
serait plus rapide et plus pratique. Il cite à l'appui de
sa thèse l'opinion du Qadhi Abou Bekr Ibn El Aribi.
« Comme les poèmes étaient pour les anciens Arabes
« des régistres dans lesquels ils inscrivaient tout ce qui
« leur semblait important, il faudrait commencer par
« l'étude de leur poésie et de leur langue ; la corruption
« graduelle du langage qui se parle l'exige impérieu-
« sement. L'élève passerait ensuite au calcul, et s'y
« appliquerait jusqu'à ce qu'il en eut compris les règles.
« Ensuite, il se mettrait à lire le Coran, dont il trou-
« verait l'étude très facile, grâce à ces travaux prélimi-
« naires. »

Et il ajoute plus loin : « O la conduite irréfléchie de
« nos compatriotes ! Ils obligent des enfants à com-
« mencer leurs études par le livre de Dieu, et à lire ce
« qu'ils ne comprennent pas ; ils dirigent leur attention
« vers ce but, pendant qu'il s'en trouve un autre bien
« plus important. » Ibn Khaldoun fait suivre ces
citations de cette réflexion découragée. « J'avoue que le
« système proposé par le Qadhi Abou Bekr est très-
« bon, mais les usages s'opposent à son emploi ; et
« les usages nous gouvernent despotiquement dans
« les affaires de cette vie. »

L'expérience n'a que trop confirmé l'opinion du grand
historien berbère, et nous avons constaté ce que cette
réforme, qui de prime abord paraît peu de chose, ren-

---

(1) Vol. III, pages 289 et 290.

ferme de difficultés presque insurmontables(1). Rien ne peut décider les Indigènes à subordonner le Coran aux autres sciences, à plus forte raison à l'étude d'une langue étrangère. Ils considèreront toujours le français comme une matière d'enseignement supérieur qu'ils apprendront au même titre que la théologie et le droit. En revanche, il faut reconnaître qu'une fois leur préjugé satisfait, arrivés à l'adolescence, certains s'y adonnent avec opiniâtreté. Je dirai même plus, il ne me souvient pas d'avoir rencontré un thaleb qui ne m'ait entretenu de son désir de savoir converser avec nous. Mais que peuvent conseils et méthodes ! Le français n'est pas une langue qu'un étranger, surtout un sémite, puisse apprendre sur des livres. A Oran, pour ne citer que cet exemple, il y a quelques années, à l'école arabe-française du Village-Nègre, on professait le soir des cours de français à l'usage des Indigènes de cette ville, les tholba s'y rendaient presque tous et jamais, dans aucune école primaire arabe, on n'a obtenu de résultats aussi satisfaisants.

(1) Conf. *Les Questions Algériennes,* par M. le docteur Georges Séguy. Chapitre IV. *L'Instruction publique,* page 110, 1er vol. de l'Association française pour l'avancement des sciences, Congrès d'Oran. 1888.

Id. *Une mission en Kabylie,* par Belkassem ben Sedira, brochure in-16, Alger 1887 (Jourdan).

Id. *Bulletin universitaire de l'Académie d'Alger.* Mai 1887. *Observations d'un Arabe de Constantine sur l'instruction des Indigènes,* pages 45 et 46.

*
* *

Ce qui précède servira peut-être à démontrer que
nous avons un intérêt capital à prendre des mesures
pour enrayer la décadence de l'enseignement supérieur
musulman, représenté en Algérie par les cours publics des grandes mosquées et les trois mederças de
Tlemcen, d'Alger et de Constantine (1), mesures dont les
plus urgentes seraient d'élever le niveau de ces cours
en portant le stage des étudiants dans les mederças
de trois à cinq ans au minimum (2), et à recruter les
professeurs parmi les euléma les plus capables et les
plus en vue, avec lesquels nous pourrons lutter contre la suprématie de Qaraouïn. Leur antagonisme avec
leurs collègues marocains nous servira à souhait. De
la sorte, nos tholba oublieront la route de Fas, nous
en ferons nos alliés, et par eux nous agirons sur les
tribus.

_____

(1) Ces trois mederças n'ont été maintenues en 1888 que grâce
à l'énergique intervention du recteur, M. Jeanmaire, soutenu par
quelques membres du Conseil supérieur du gouvernement de
l'Algérie.

(2) *Conf.*, Ibn Khaldoun, *Prolégomènes*, trad. de Slane., vol. II,
page 444.

Un jour peut-être n'est pas éloigné, où obligés de concentrer ailleurs toutes nos forces, nous n'aurons plus ici pour faire face aux évènements qu'une poignée d'hommes. Que sera-ce si nous ne pouvons compter sur notre prestige et une influence depuis longtemps acquise ? Notre intérêt, plus que toute autre considération, nous fait un devoir de ne pas refuser aux Arabes un enseignement qu'ils réclament.

INDEX

www.ingramcontent.com/pod-product-compliance
Lightning Source LLC
Chambersburg PA
CBHW051736090426
42738CB00010B/2276